Giannina Wedde

In winterweißer Stille

GIANNINA WEDDE

In winterweißer Stille

Ein Begleiter durch
die dunkle Jahreszeit

VIER TÜRME

Inhalt

Vorwort

In der Winterzeit steht aus der Welt, wie wir sie kennen, eine andere auf. Eine Welt, die Geheimnisse an die Geduldigen verschenkt.

Ein Teil des Jahres kommt an sein spürbares Ende. Das Taghelle, Geschäftige, überfließend Lebendige macht einer Zeit der Dunkelheit, Stille und Innerlichkeit Platz. Die *Vita activa* weicht der *Vita contemplativa*. Wer sich zurückziehen und auf das Wesentliche besinnen mag, wer sich selbst und den im Jahresverlauf gesammelten Erfahrungen auf den Grund gehen will, hat nun Gelegenheit dazu.

Der Winter ist wie eine fortwährende Zeit der Nacht. Als sei sie an die Stelle des Tages getreten, fühlen sich nun auch die Stunden zwischen Morgen und Abend bisweilen entrückt an, wie durchlässig und weit geöffnet für die vielen Zwischenwelten, die sonst nur der Nacht gehören. Die Natur breitet vor uns die Vielfalt ihrer Lebenskunst aus: im Loslassen und Leerwerden, im Stillerwerden und Wartenkönnen, im Reifen von Empfänglichkeit. Ob wir auf nackte Zweige, verschneite Hügel oder überfrorene Seen blicken, immerzu erinnern diese sprechenden Bilder uns daran, dass auch wir Natur sind, dass wir Zeiten des Stillstands und der Ruhe brauchen, um ausgeglichen und in unserer Kraft zu sein. Um in die Tiefe jeder Erfahrung vorzudringen, aus der Lebensweisheit hervorgehen kann.

Der Winter erschien mir immer schon wie eine Jahreszeit der Heilung. Weil er uns etwas zurückgibt, das wir manchmal verlieren: den Mut, das Abgründige zu bereisen. Die feineren Sinne, mit denen wir das Unsichtbare wahrnehmen. Die widerständige Kraft, die erlebte Stille bis ins Auge des Sturms trägt.

Die Texte dieses Buches folgen den Spuren der Winterzeit, jedoch ohne chronologisch vom Winterbeginn bis an die Schwellen des Frühlings zu reisen. Vielmehr tauchen sie – frei, wie innere Bilder sind – in die nährenden Quellen ein, die uns die dunkle Jahreszeit schenkt. Wir dürfen alle ein wenig winterlicher werden: annehmen, was ist, uns Zeit nehmen und der Vorfreude auf das Neue Raum geben, das uns begegnet, wenn wir uns verwandeln lassen.

Rückzug

Die Kräfte der Natur ziehen sich zurück. Die Bäume haben ausreichend Licht getrunken. Nun lagern sie ihre Reserven in Wurzeln und Rinde ein und trennen sich von ihren Blättern. Die Tage werden kürzer und dunkler. Viele Tiere suchen sich einen Ort für die Winterruhe oder den Winterschlaf, und in der Luft liegen herbe Aromen von Laub und Verfall.

Auch wir sind Natur. Tief im Inneren hören wir den Ruf der Jahreszeiten deutlich: im Herbst und an der Schwelle des Winters spüren auch wir das Nachlassen unserer Kräfte, eine wachsende Müdigkeit und eine Sehnsucht nach Innerlichkeit. Manche von uns befällt Schwermut. Gerade jetzt ist es wichtig, auf unsere Bedürfnisse achtzugeben und von der Weisheit der Natur zu lernen. Wenn alles langsamer und stiller wird, tun auch wir gut daran, uns eine Phase der Ruhe zuzugestehen.

Es setzt in unserer geschäftigen Zeit schon einen festen Entschluss voraus, uns der ständigen Aktivität zu entziehen und anzuhalten. Wir legen die Rastlosigkeit unseres Wollens und den Blick auf immer neue Ziele ab und wagen etwas, das für jede Wachstumsbezogenheit eine Ungeheuerlichkeit ist: Stillstand.

Im Alleinsein, im Nichttun und Sosein bemerken wir oft erst, wie getrieben wir waren, auf wie viele Weisen wir uns in den Dingen verlieren und wie süchtig wir nach Beschäftigung sind. Wie schwer es manchmal ist, uns selbst auszuhalten und nichts weiter zu tun als gegenwärtig zu sein. Wenn wir uns aber darauf einlassen, gewinnen wir spürbar Freiheit zurück. Wir verkosten das, was in der Bewegtheit der Tage unterging, und halten den Raum, in dem die Dinge nachklingen und zu einer tiefen Erfahrung heranreifen dürfen. Und vielleicht entdecken wir auch die Lebenskunst, immer wieder in die bedingungslose Lebendigkeit zu fallen, aus der wir in jedem Moment neu hervorgehen.

Alleinsein

Erlaube dir,
allein zu sein.
Allein mit deinem Herzschlag,
wie die Schleie am Grund des Sees
und der Siebenschläfer in seiner Höhle,
umschlossen von einer Welt,
die sich um das Wesentliche kümmert.
Allein mit deinen Gedanken,
die unausgesprochen in dir überwintern,
um eine Weile zu ruhen
und neue Kräfte zu sammeln,
bevor sie kommende Weiten bereisen.

Erlaube dir,
allein zu sein.
Allein mit allem Unfertigen
und Ungetrösteten,
das wie Gräser unter Raureif
empfindsam und zerbrechlich ist
und deiner Behutsamkeit bedarf.
Allein mit tiefer Stille,
die dich bewohnt,
dich durch die Jahreszeiten trägt
und dir die Schönheit aller Dinge
wie ein Geschenk in dein Alleinsein legt.

Sehnsucht

Ich habe Sehnsucht
nach den winterlichen Dingen.
Nach Schnee,
der lautlos auf dunkle Tannen fällt,
nach dem Duft brennender Feuer
und dem weißen Atem der Schwäne,
deren Flügel das Abendlicht schützend umschließen.
Nach dem Knistern der Eisblume am Fenster,
dem lebendigen Rot der Schneeballbeere
und dem lautlosen Wandern der Dunkelheit an meiner Seite.

Ich habe Sehnsucht
nach der fühlbaren Erhabenheit der Natur,
nach dem Zittern meines Körpers,
der sich daran erinnert, dass er zerbrechlich ist
und sterben kann.
Nach dem Lassen und Lösen,
der Schwere und Müdigkeit,
die mich mit Ruhe segnet und sagt: Es ist genug.
Nach den hungrigen Träumen, die erst geboren werden,
wenn die Zeit der Fülle endet
und die Welt sich nackt und bedürftig zeigt.

Ich habe Sehnsucht nach der reinen Andacht,
die sich aus leer gewordenen Zweigen
und sternenklaren Nächten
in die offenen Hände meines Werdens schenkt
wie Brot des Lebens.

November

November,
du heilsame Zeit der Nachsicht.
Du Zeit, in der die Farben sterben dürfen
nach dem letzten rauschenden Fest
aus Röte und Gold.
Du hast schon gewartet
hinter randvollen Körben,
zwischen Quitten, Birnen und Pilzen
und dem beglückenden Duft
fruchttragender Arbeit.
Du hast schon leise gerufen
nach den müden Händen,
die ausruhen wollen,
nach den schwer gewordenen Lidern
und den mit Erfahrung gesättigten Herzen.
Du hast deine Arme
um das alternde Jahr gelegt
und um alle Dinge,
für die es nun zu spät geworden ist.
In dir verläuft die Schwelle
zwischen Herbst und Winter,
auf die du uns setzt
wie Vögel auf Zweige,
die bereit sind, ein Lied zu vergessen
und sich ein neues schenken zu lassen.

Stillstand

Die Erde verschließt ihre Kräfte
wie einen goldenen Schatz in ihrem Inneren.
Sie verwischt alle Spuren der Fülle,
durchtrennt alle Fäden des Werdens
und zieht um sich einen schützenden Kreis der Stille.

Nun birg auch du das Leben
im behütenden Dunkel deiner Mitte.
Ruf deine Kräfte aus der rastlosen Welt zurück,
nimm deine Stimme aus allen Wortgefechten
und deine Blicke aus der verzehrenden Suche
nach dem flüchtigen Glück.

Ruf dein Lauschen aus allen Gesprächen
zurück in dein Schweigen.
Trag alle Mühen, die dich erschöpften,
in die wartenden Räume des Lassens
und zieh deine Sehnsucht aus allen verzweigten
Adern des Lebens in die Mitte der Ruhe.

Erlaube dir die heilsame Zeit des Nichttuns,
des Ausatmens und Soseins.
Die Zeit, in der deine inneren Schätze
vor jedem Wollen sicher sind. Auch deinem.
Die Zeit, in der die Kammern deines Herzens
Räume einer Stille sind, die größer ist als du.

Dankbarkeit

Das Jahr klingt aus.
Ich ziehe mich zurück
auf eine Insel des Danks,
umrauscht von Erinnerungen.

Die Begegnung,
die einen verschlossenen Winkel
meines Herzens öffnete.
Der unerwartete Moment,
in dem ich mich zum ersten Mal
im Leben angekommen fühlte.
Das flüchtige Trostwort,
an dem ich mich immer noch wärme.

Der tiefe Riss,
der durch eine alte Freundschaft ging.
Der alte Kummer,
den kein Verstehen lindern konnte.
Die Müdigkeit,
die an den Rändern
eines nie gewagten Aufbruchs hängt.

Manche Dinge geben erst im Blick zurück
ihre Bedeutung preis,
als müsse man sie erst verkennen,
um sich unbekümmert auf sie einzulassen.

Manche Dinge schmerzen nur noch leise
aus der Ferne.
Und manche bleiben immer rätselhaft
wie eine Frage, deren Antwort
wir noch werden müssen.

Ich ziehe mich zurück
auf eine Insel des Danks,
und mein Dank gilt allem, was war.

In die Hände des Winters

Leg deine Müdigkeit in die Hände des Winters.
In die geduldige Erde,
die ihre Kräfte zurück in ihre Mitte ruft
und sich zum Ruhen in ein tiefes Schweigen legt,
geschützt von einer dünnen Haut aus Schnee.
Leg sie unter die fahl gewordenen Himmel
und die nackten Äste,
die sich darin verzweigen wie schwarze Blutgefäße,
in denen das Leben für eine Weile behutsamer fließt.

Tritt ein in die köstliche Langsamkeit,
in das Innehalten, das sich selbst genügt.
Nimm dir den Schlaf,
an dem dein Lebensmut gesundet.
Und hör dem Atem aller Dinge zu,
der auch dein Atem ist.

Du bist nicht allein.
Die Vögel werden ihre Winterlieder
mit Freude über deine müden Hände singen
und über jeden Traum, der enden will,
um einem anderen seinen Raum zu überlassen.

Gewebe

Leg einen Kuss
auf den Wundrand
des endenden Jahres,
einen Dank,
der nicht unterscheidet
zwischen Freude und Schmerz.
Für einen Moment nur
fühle das Gewebe des Lebens,
das dich schuf und atmete
und dich durch alle Verwandlungen trug
bis über die heilige Schwelle
dieses Augenblicks.

Winterlich musst du werden

Lange hast du der Fülle vertraut,
und nur der Fülle,
dem Duft, der aus Blüten und Früchten
in deine Einsamkeit herüberwehte,
der freundlichen Wärme, die deine Sehnsüchte
aus dem Eis der Vorbehalte hob,
der grundlosen Freude singender Vögel
und all den Farben, die dich ins Leben riefen.
Es frühjahrte und sommerte in der Welt und in dir,
und alles war berauscht von Ausgelassenheit.

Nun musst du dein Vertrauen in ein Geheimnis legen,
in ein stilles, wachsendes Wunder,
das sich nur den Geduldigen preisgibt
und dich nicht überwältigt,
in ein Schweigen, das beharrlich
auf deine feineren Sinne wartet.
Winterlich musst du werden,
willst du das sich weitende Dunkel fassen
und die besternte Andacht der Schöpfung in dir finden.
Ähnlich musst du ihr werden,
die über sich hinausstirbt, ohne Furcht zu enden.

Heute

Langsamer will ich werden.
Hinsehen ohne Eile,
empfinden ohne Hast.

Stiller will ich werden.
Schweigen ohne Unruhe,
lauschen ohne Ungeduld.

Weiter will ich werden.
Empfangen ohne Zweifel,
geben ohne Zurückhaltung.

Zuflucht

Zieh dich zurück
wie die Kraft der Erde
und das Licht der Sonne sich zurückziehen.
Sprich einen Dank
über die vergangene Fülle
und schenk dein Ja an die Grenze,
hinter der die dunkle Jahreszeit auf dich wartet.
Nimm Zuflucht in deiner Seele,
die dem Himmel gleicht
und der Erde, dem Wald und dem Zugvogel
und die wie alles Lebende
ihren Jahreszeiten folgen muss.
Finde die Weite in dir,
in der du aufatmen kannst,
und die geduldige Ruhe,
aus der dein Werden neue Kraft schöpft.
Finde die Wurzeln deiner Freude
und die vielen kostbaren Leben,
mit denen du verbunden bist
und die dich nähren.
Reise in der grenzenlosen Welt
unter deinen Lidern an die Orte
der Blüte und der strömenden Wasser
und sättige dein Herz an den Liedern,
die nur die Stille singt.

Du darfst ruhen

Du darfst müde sein.
Auch deine Hände,
die geben und nehmen,
halten und loslassen,
die arbeiten, pflanzen und pflücken
und unzählige Male
nach der warmen Hand des anderen tasten.

Du darfst müde sein.
Auch deine Augen,
die suchen und finden,
staunen und verbinden,
die betrachten, erkennen und berühren
und unzählige Male dem anderen eine Tür
zu deinem tiefsten Geheimnis öffnen.

Du darfst müde sein.
Mit allen deinen Sinnen.
Mit deinem ganzen Körper,
der den Raum für das Wunder
deines Leben hält.
Mit jedem Wort,
das ruhen muss, um neuen Mut
und frische Kraft zu finden.
Mit jeder Wunde, die noch deinen Blick
und Segen braucht, um auszuheilen.

Du darfst müde sein.
Du darfst ruhen,
bis das unversehrte Licht
in deinem Inneren
dich in die Zartheit
eines neuen Anfangs ruft.

Loslassen

Loszulassen ist eine natürliche Bewegung. Wie das Ausatmen dem Einatmen folgt, so folgt das Loslassen dem (Fest-)Halten. Die Pflanzen haben ihre Blütenstände losgelassen und die Bäume ihre Früchte und Blätter. Die Natur trennt sich jedes Jahr wieder von ihrer hervorgebrachten Fülle.

Wir haben jedoch weit mehr loszulassen als geschaffenen Überfluss und die damit verbundene Anstrengung, denn anders als unsere Gefährten, die Pflanzen und Tiere, halten wir immer wieder an Dingen fest, die uns und anderen nicht guttun.

Wir sind beladen mit ruhelosen Gedanken, mit irrlichternden Wünschen und ungeklärten Gefühlen. Wir sind überfrachtet mit Vorstellungen und Ansprüchen anderer und mit vielen Alltagspflichten, denen wir uns kaum entziehen können.

In der dunklen Jahreszeit erinnert uns alles Lebendige freundlich daran, dass es unserer Natur entspricht, loszulassen und leer zu werden. Im Einklang mit der winterlichen Natur können wir nachspüren, was das Wesentliche ist, was uns ausmacht und was für uns zu einem gelingenden Leben gehört. Und wir können uns dabei an den befreiten Atem erinnern, der uns durchströmte, als wir etwas aus der Hand gaben, das uns beschwerte oder aufhielt.

Loslassen hat viele Gesichter. Mal bedeutet es, einem wiederkehrenden Gedanken nicht erneut zu folgen oder sich aus einem zerstörerischen Gefühl herauszuziehen, mal bedeutet es, ein altes Selbstbild zu begraben oder sich selbst eine Schuld zu verzeihen. Manchmal ist es kaum mehr, als das Ende eines Lebenskapitels bewusst wahrzunehmen. Immer ist es eine sanfte Rückkehr zur Gegenwart, ein stilles Heimkehren.

Etwas loszulassen, erfordert Mut. Weil es bedeutet, sehr genau hinzusehen, warum wir an etwas festhalten. Weil es voraussetzt, etwas Schmerzliches anzunehmen. Weil es uns ruft, auch dem Unliebsamen einen Dank mit auf den Weg zu geben.

Und plötzlich spüren wir: Auch wir werden losgelassen. Etwas entlässt uns endlich aus seinem Griff in die offene Weite.

Wesentlich werden

Wie unbeschriebenes Papier
breitet sich der frische Schnee
vor meinen Blicken aus.
Am Horizont steht eine kahle Buche,
stolz wie die letzte ihrer Art.
Der Himmel ist so weiß,
dass er fast nahtlos
in die zugeschneite Erde übergeht.
Alles ist unberührt.
Alles ist wesentlich,
nichts als Notwendigkeit.
Ich aber bin beladen
wie ein Herbst ohne Ernte.
Ein Mensch,
der jedes Lassen lernen muss.

Ich darf

Ich darf loslassen.
Wie der Baum, der seine Röte ablegt
und seine kühlen, feuchten Wurzeln
in die Verschwiegenheit der Erde taucht.

Ich darf ruhen.
Wie der Mond am Saum der Nacht,
der sich silbern auf stille Gräser bettet
zum Atemholen unter der fliehenden Hand der Zeit.

Ich darf sein.
Wie der Nebel auf den Wassern.
Wie der Raureif am Fenstergeviert.
Wandernd unter geduldigen Träumen.

Befreiung

Sie ist streng,
die kalte, harte Wintererde,
die unter meinen Schritten
widerständig bleibt.
Als ob sie mich willkommen hieße,
doch nicht das viel zu schwer gewordene
Gewicht in meinen Gliedern:

Das, was ich sammelte
aus Angst, nicht zu genügen,
zu scheitern oder zu verlieren.
Die Furcht vor dem Morgen,
vor Veränderung, vor dem Alleinsein
und all den Unvorhersehbarkeiten,
die sich wie Risse durch den Wunsch
nach Frieden ziehen.

All die Versprechen,
die ich nicht zu halten wusste,
das blasse Ja, an dessen Grund Verneinung lag,
die Worte, die ich trug wie eine Rüstung,
um nicht zu spüren, wie ein fremder Kummer sticht.
Die vielen Zweifel,
denen ich heilige Räume überließ.

Die immergleichen Geschichten,
derer ich müde bin und die ich mir erzähle,
um zu wissen, wer ich bin,
auch wenn die Zukunft darin kaum noch atmen kann.
All die Vertagung von Glück und Schmerz,
die Trauer, aufgespart und angesammelt
für ein Später, das nie kommt.
Und diese Sattheit, die nach dem Geheimnis
nicht länger suchen will.

Sie ist streng,
die kalte, harte Wintererde,
die mir mit jedem meiner Schritte
die Last aus meinen Gliedern schüttelt
wie eine Schwere, die uns beide beugt,
und wie ein Gift, an dem wir beide kranken,
wie etwas, das wir nur gemeinsam überwinden können,
wenn sich das dunkle Herz des Winters
um uns schließt.

Ins Herz der Stille

Auf dem Rücken
winterblauer Nächte
reise ins Herz der Stille.
Du wirst schon erwartet.
Leg zuvor alles ab,
was noch auf deinen Schultern liegt
wie eine Last.
Die Dinge, die unvollendet blieben.
Das unausgesprochene Wort.
Die Frage, die bis ins Morgen reicht.
Der Widerspruch,
an dem dein Denken sich zerreibt.
Die ungebetene Veränderung.
Und die alternde Traurigkeit,
die sich nicht ergründen lässt.
Atme alles aus.
Und dann brich auf.
Der Weg ist nicht weit,
ein Lidschlag nur,
und der Sog der Stille
trägt dich nach Hause.

Die eisblaue Blume

Die unvergleichliche
Stille des Winters
ist kein grundloses Wunder,
kein Geschenk des Zufalls
oder einer großzügigen Hand.
Sie fällt nicht in das Drängen
und Wollen des Frühlings,
nicht in die Sattheit und Fülle
des Sommers,
und auch dem Herbst
mit seinen letzten Kämpfen
sieht sie nur von ferne zu.

Die unvergleichliche
Stille des Winters
ist die Blüte des Lassens.
Sie ist die eisblaue Blume
auf der Nacktheit der Eiche,
über der Höhle des schlafenden Igels
und auf dem wachsamen Myzel.
Erblühend in den Dingen,
die alles hergegeben haben,
ohne zurückzuschauen.
Manchmal, wenn du die Schwere
der Gedanken ziehen lässt
und die Untröstlichkeiten
an den Rändern deines Schweigens,

blüht sie auch dir
wie eine lang ersehnte Kostbarkeit
entgegen.

Losgelassen

Ich habe so viele schmerzgegerbte Worte,
so viele ausgeblühte Träume
und niedergekämpfte Ängste
in mir begraben,
dass ich ein Hügel voller Gräber bin.
Doch bin ich darauf auch die Blume,
der Segen im Vorübergehen
und auch das Licht,
das nicht erlischt.

Vergebenkönnen

Vergebung ist eine Lebensreise.
Und ich bitte dich, du Atem des Lebens, nimm mich mit.
Nimm mich mit an die Ränder meiner Wunden.
Zu den Schatten meiner Ängste.
Zu den Rissen in meinem Glücklichsein.
In die Echos all der gesagten und ungesagten Dinge,
die mich beugten wie der Sturm das Gras.
Nimm mich mit in die Weite des Lassenkönnens,
das mich und auch den anderen befreit
von der Macht des Unabänderlichen
und vom Gift der Bitterkeit.

Nimm mich mit wie eine,
die die Enge meiner Blicke weitet,
die meine hart gewordenen Hände öffnet
und die den Duft von Versöhnung auf jede Trennung legt.
Nimm mich mit wie einer,
der ein wogendes Meer der Liebe ist, wenn ich Dürre bin,
und lass mich ausruhen in deinem Vergebenkönnen.
Nimm mich mit in die Wunden, die ich schlug.
Lass sie mich mit verspäteter Zärtlichkeit bereisen
als Mensch, der das Menschsein langsam begreift
und der dem Nächsten stille Grüße in ein altes Schweigen legt.
Vergebung ist eine Lebensreise.
Und ich bitte dich, du Atem des Lebens, nimm mich mit.

Leere Hände

Ich muss nicht jedem Gedanken folgen,
der mich besucht,
nicht jeder Verlockung nachgeben,
mich zu zerstreuen,
muss meine Kraft nicht versprengen
wie Wasser auf hungrig loderndem Feuer.

Ich muss nicht jedem Gefühl glauben,
das mich durchwandert,
nicht die Woge festhalten,
die ihre Vergänglichkeit fürchtet,
muss meine Mitte nicht verlassen,
um empfindsam zu sein.

Ich kann mein Schauen
auf den Lebensstrom der Dinge legen,
mit einem Ja, so freundlich wie der erste Schnee.
Darunter nichts als uferloses Schweigen.
Zwei leere Hände.
Und alles lässt mich los.

Freiheit

Du kannst die Welt in die Hand nehmen,
sie darin bergen, wiegen und halten.
Den vom Bach rund geschliffenen Kiesel,
die duftende Frucht,
die auf der anderen Seite der Welt gewachsen ist,
den immergrünen Zweig und den funkelnden Schnee darauf,
selbst noch den Staub eines uralten Meteoriten,
der einen weiten Weg auf sich genommen hat, um hier zu sein.
Aber am Ende des Tages wirst du sie loslassen müssen,
die Kostbarkeiten, die dich nähren, doch dir nicht gehören
und die zurück ins dunkle Herz der Erde fallen.

Du kannst alle Empfindungen in deine Mitte nehmen,
sie darin atmen, reifen und vergehen lassen.
Die Zärtlichkeit, die ein Mensch ganz unerwartet in dir weckte,
die Dankbarkeit, die dich im ersten Morgenlicht befiel,
den Zorn, der eine Ungerechtigkeit beenden wollte,
und auch die Furcht, die dünne Haut des Glücks
könnte unter der Schärfe eines Wortes reißen.
Aber am Ende des Tages wirst du sie loslassen müssen,
die Vergänglichkeiten, die dich durchwandern,
aber nicht ausmachen
und die der Strom der Zeit von allen Ufern wäscht.

Du kannst alles umschließen,
mit deiner Haut und deinem Staunen, mit deinen Gedanken
und deinen vogelfreien Träumen in der Nacht,
doch nichts wird dich ausmachen

und nichts wird je dir gehören, auch nicht dein Name
und nicht die Stille zwischen zwei Atemzügen.
Das ist deine Freiheit, dass du nichts besitzt und nichts dich besitzt,
dass du empfängst und herschenkst
wie eine übervolle Brunnenschale,
durchrauscht von Lebendigkeit, die entschieden hat,
die ganze Erhabenheit des Himmels unter die Schwinge
eines Mauerseglers zu legen
und den unergründlichen Reichtum der Liebe
in den Lidschlag eines Menschen.

Dunkelheit

In der Winterzeit nimmt die Dunkelheit ein Stück unserer Welt ein. Die Tage sind oft zwielichtig oder grau. Der längste Tag des Jahres schenkt uns fast siebzehn Stunden Licht, der kürzeste zur Wintersonnenwende kaum acht. Es ist, als breite die Nacht ihre Flügel über uns und alles, was uns lieb ist. Als riefe sie uns in ihre Mitte, auf eine Reise ins Reich des Verborgenen.

Die moderne Gesellschaft hat sich von der Dunkelheit jedoch weitgehend verabschiedet. Unsere Städte sind nachts hell erleuchtet, und künstliche Lichter begleiten uns vom Morgen bis in den Schlaf. Wir schätzen das Sichtbare, das Erklärbare und Geheimnislose. Was im Licht liegt und sich preisgibt, vermittelt uns wenigstens die Illusion von Sicherheit.

Auch in unseren religiösen und postkonfessionellen Erzählungen hat sich Dunkelheit zu etwas Bedrohlichem verdichtet, das vom Licht besiegt wird. Doch wer die Welt nur bei Licht betrachtet, sieht nur die halbe Welt.

In vielen Mythen begegnet uns die Dunkelheit als Ort der Ruhe und der Gefahr zugleich, als Ort der Umkehr, der Verwandlung und Geburt. Die dunklen Orte, etwa Höhlen, Wälder, Brunnen, Gräber, Mäuler von Ungeheuern oder der Schoß der Nacht, eröffnen versteckte Wege, die gegangen werden müssen, rettende Träume, die ein Schicksal wenden, oder neue Welten, die sich wie eine Schöpfung aus dem Chaos erheben.

Die Dunkelheit spricht eine Seite in uns an, die eher ahnt und träumt, als zu zerdenken, und die eher geschehen lässt, als zu kontrollieren. Sie entgrenzt uns, macht uns kreativer und befreit uns von den Gesetzen des Tages. Es wundert daher nicht, dass der Winter reich an Festen ist, die das Nichtsichtbare würdigen und Räume für Intuition, Traum und Weissagung öffnen.

Die dunkle Jahreszeit lädt dazu ein, uns mit dem Verborgenen in uns und um uns vertraut zu machen und bereitwillig in die Tiefe der Dinge hinabzusteigen.

Dankgebet

Ich danke dir, Dunkelheit,
dass du dich über alle Dinge breitest,
mit gleicher Zartheit über unversehrtes Leben
und das Zerbrochene.

Dass du dich zu mir setzt wie eine alte Freundin,
die mich besser kennt als ich mich selbst
und die geduldig wartet, bis ich mir begegne.

Dass du mich lehrst, was leere Hände sind
und wie das Leben schmecken kann,
wenn Leben heißt, mit dem, was ist, zu sein.

Ich danke dir, Dunkelheit,
dass du mich birgst wie weiche Erde,
in der ich ruhen und zum Leben reifen darf
wie ein Geheimnis, das sich noch entfaltet.

Heimkehr

Uns allen ist die Dunkelheit gegeben,
für die wir nur die Augen schließen müssen.
Die Güte selbst hat sie uns allen
unter die Lider gelegt.
Um in jede Lebensgeschichte,
in der Aufgeregtheit jedes Tages
und in der Mitte jedes Schreckens
eine Zuflucht zu schenken,
in der wir Atem holen können.
Um uns mitten in der Welt einen Ort zu sichern,
an dem alle Formen sich auflösen,
die trennenden Grenzen verschwinden
und alle Widrigkeiten aufgehoben sind.
Und um uns inmitten eines tief empfundenen Glücks
in reine Selbstvergessenheit zu tauchen.

Ob wir wach sind oder schlafen –
hier, unter unseren Lidern,
berührt uns eine Erinnerung,
die wir mit dem Keim in der Erde teilen,
mit dem Kind im Mutterleib
und auch mit dem Stern im All:
eine Erinnerung an das Leben selbst,
das aus der Dunkelheit geboren wird
und die Dunkelheit braucht
wie Atemluft, wie Wandel und Begegnung.

Wenn wir die Augen schließen,
für Sekunden nur,
im Tagtraum oder im Gebet,
im Kuss oder in tiefem Schlaf
und auch zum letzten Mal im Sterben,
ist alles Dunkelheit
und dankbares Nachhausekommen.

Nachtgebet

Nicht hoffen,
es wäre anders gekommen.
Nicht länger halten,
was gehen will.
Nicht länger vermeiden,
was an der Schwelle steht.
Nicht länger suchen,
was dem Augenblick fehlt.
Nicht länger wachen.
Dem Dunkel der Nacht
vertrauen.

Anfang und Ende

Dunkelheit war deine erste Erfahrung
und einst wird sie deine letzte sein.
Sie ist Anfang und Ende,
Ursprung und Ziel, sie hält die ganze Spanne
deines kostbaren Lebens zusammen.

Sie ist das Schwarz der Erde, aus der der Keim hervorgeht,
sie ist das Schwarz des Alls, in dem ein Stern entsteht,
sie ist das kostbare Einssein des Menschen mit sich selbst
und allem, bevor er zum ersten Mal die Augen öffnet
und lernt, sich von der Welt zu unterscheiden.

Wir vergessen sie rasch,
der wir unser Leben verdanken,
wenn wir die sich öffnenden Räume des Lebens füllen,
mit Lichtern und Lachen,
mit Arbeit und Freundschaft,
mit der Sehnsucht nach den Farben und Düften der Ferne
und mit allem, was ein Leben blutvoll macht und hell.

Sie aber kehrt immer wieder zu uns zurück,
in jeder Nacht, in jedem Winter,
in jeder Sonnenfinsternis
und immer, wenn wir unsere Augen schließen.
Wie eine Mutter, die nicht aufhört, an ihr Kind zu denken,
legt sie uns Grüße unter unsere schweren Lider
und an die weichgeweinten Schwellen unseres Werdens.

Die Geister, die wir schufen

Die meisten Menschen fürchten nicht die Dunkelheit,
nur die Dämonen, die so rastlos darin wandern.
Die Traurigkeiten, die wir uns verboten,
weil wir den Schmerz nicht fühlen
und keine Träne mehr vergießen wollten.
Die Angst, die wir mit einem Lachen übertönten,
damit sie uns nicht überwältigt
und ungezähmt in unserem Herzschlag rast.
Die Wut, die wir zurück in unsere Mitte schickten,
weil wir nicht wagten, für uns einzustehen,
und wir zu müde waren, einen neuen Kampf zu kämpfen.
Die Scham, die wir verbargen,
wenn manch ein Blick ohne Erbarmen
auf unser Scheitern fiel.

Wer wird all diese Geister bergen, wenn nicht wir?
Wer wird sie zärtlich in die Arme nehmen
und ihren stummen Klagen lauschen?
Wer wird es wagen, alle anzuschauen
mit Blicken, die wie Balsam sind?
Die Dunkelheit ist Ruheraum für alle Wesen
und Muttererde für die Welt von morgen.
Und erst, wenn wir die ausgestoßenen Geister trösten,
steht aus den Dingen, die wir tun,
ein tiefer Frieden auf.

Untrennbarkeit

Im Winter fließt die Nacht
über die Ränder des Tages,
bis nur eine schmale Schneide aus Licht
in seiner Mitte übrig bleibt,
auf der wir trotzig balancieren.

Was fürchten wir zu sein,
wenn wir ins Dunkel fielen?
Wenn uns befiele,
was der Winter als Verheißung trägt?

Das Dunkel greift nach unseren Körpern,
wie die Hand sich aufs Herz legt
und ein Mund auf den anderen:
Untrennbarkeit,
die sich zu erkennen gibt.

Wir selbst sind das Dunkel,
das jeder Geburt vorausgeht.
Wir selbst die nachtdurchtränkte Erde,
aus der die frischen grünen Keime
sich aufrichten.

Namenlos

Ich will meinen Namen vergessen
in der Namenlosigkeit der Schönheit.
Wenn das Gold des Abends
so verschwenderisch in den Neuschnee fällt
und die Amseln ihr letztes Lied auf die Dächer tragen,
wenn aus dem Nachbarhaus ein Duft
von frisch gebackenem Brot herüberweht
und die Nacht ihre Vorboten schickt:
das flimmernde Atemholen der Sterne,
das Gähnen der Katze
und ein sich breitendes Schweigen,
das sich wie eine dankbare Schale
unter die Schwere meiner Gedanken legt.
Nie bin ich mehr bei mir,
als wenn ich mir verloren gehen darf
in all den Eigenheiten ungezählter Wunder
und bodenloser Ungewissheit.
Ich Namenlose,
gerufen bei meiner Sehnsucht
von der Stimme aller Dinge.

Trost

Nichts tröstet mich
so sehr wie die Dunkelheit,
die ihre Stimme
glattstreicht und sagt:
Auch morgen
steht aus dem schwarzen Gefieder
der Nacht das Verwandelte auf.
Auch morgen
kennt der Wald deinen Namen.
Auch morgen
fällt dein Blick durch die Sonne
auf den durchtrennten Faden
der Zeit.
Sieh nur,
nichts ist geschehen.

Wegbereiterin

Ich wiege die Weisheit des Winters
in meiner Mitte,
die Weisheit der Dunkelheit, die sagt:
Vergiss alles, was du gesehen hast,
so beglückend und schmerzlich es war,
und vertraue dem Unbekannten,
das sich deinem Auge nicht zeigt.
Lerne vom schlafenden Tier in der Höhle,
von der ruhenden Wurzel
und dem wartenden Samen,
lerne von der Langsamkeit der Erde
unter einer hauchdünnen Decke aus Schnee.
Lerne das Atmen ohne Hast,
das Gegenwärtigsein ohne Ziel,
lerne das Vertrauen in die Gerechtigkeit der Zeit,
die jeder Kreatur Tage des Lichts
und der Finsternis schenkt,
Zeiten des Sammelns und des Verlierens,
des Lebens und Vergehens.

Erinnere dich an die Dunkelheit in dir,
an die nach Wagnis und Schmerz
duftenden Wunder, die sie hervorbringt:
ein befreiendes Wort,
gereift in ausgiebigem Schweigen,
das Leuchten einer neuen Idee
über dem Abgrund des Nichtwissens,

die Frucht der Dankbarkeit
auf dem Boden des Wartenkönnens.
Erinnere dich an die innige Berührung,
die sich der Sanftheit der Nacht
und dem blinden Vertrauen verdankt.
Befreunde dich mit der Dunkelheit,
mit deiner treuen Wegbereiterin,
die dich ein Leben lang über die ersehnten
und gefürchteten Schwellen
in die Unerschöpflichkeit des Lebens ruft.

Nichtwissen

Nichtwissen bedeutet nicht,
ohnmächtig zu sein
oder blind und schutzlos
in das Unvorhersehbare zu stürzen.

Nichtwissen bedeutet,
mit einem Lauschen,
das sich selbst vergessen hat,
in der vollkommenen Stille
der Dinge aufzugehen.

Stille

Die dunkle Jahreszeit beschenkt uns mit einer besonderen Stille. Eine verschneite Winterlandschaft scheint jedes Geräusch zu verschlucken. Viele Tiere befinden sich in Winterruhe und Vögel, deren Gesänge uns das Jahr über begleiten, haben sich in den Süden verabschiedet. Unser Arbeitsleben und die Vorweihnachtszeit bleiben fast ungebrochen geschäftig, doch die Sehnsucht nach Rückzug und nach Räumen der Geborgenheit inmitten der unwirtlichen Witterung und der Dunkelheit macht sich bemerkbar – es wird stiller zwischen uns Menschen.

Ein Blick auf die winterliche Natur führt uns nahezu anstrengungslos ins Schweigen. Und wie immer, wenn wir ins Schweigen gehen, können Dinge laut werden, die wir eine ganze Weile mit Aktivität übertönt haben: ruhelose Gedanken, nagende Sorgen oder bedrückende Gefühle. Auch die Anspannung unseres Körpers macht sich womöglich erst jetzt bemerkbar, da wir unsere Geschäftigkeit ablegen. Und so spüren wir schmerzlich, dass Schweigen noch längst keine Stille ist, solange wir von vielem vereinnahmt sind.

Stille ist in unserer Zeit ein seltenes Gut. Wir haben sie aus fast allen Räumen verbannt und gegen einen fortwährenden Strom aus Musik, Geräuschen und Worten eingetauscht.

Doch wir brauchen die Stille wie die Luft zum Atmen. Wir tun gut daran, sie in unser Leben zurückzusehnen, sie so oft wie möglich aufzusuchen und ihr Räume zu verschaffen, in denen sie wirken und uns verwandeln kann. Wir spüren längst, dass wir an der Stille gesunden, dass sich in ihr unser Körper erholt, unsere Gedanken und Gefühle sich neu ausrichten und wir in die Tiefe unseres Wesens vordringen.

Der Winter kann uns das Schweigen, Lauschen und Ausharren lehren, das tiefer Stille den Boden bereitet. Wenn das Wunder geschieht und Stille sich ereignet, ist es, als regten sich neue Sinne in uns: ein neues Schauen, Horchen und Schmecken erwacht und begegnet der Welt.

Die Kammer der Worte

Ich möchte die Kammer der Worte leeren.
Der vielen Worte, die ich sagte,
um mich meiner selbst zu versichern,
um jede Lücke mit einem wärmenden Sinn zu schließen.
An mancher Erklärung habe ich mich beruhigt,
mich an Versprechungen getröstet
und dankbar Gewissheiten auf meinen Lippen getragen.
Ich habe Antworten gesammelt
wie Vorräte für den Winter,
doch immer noch bin ich hungrig.

Ich möchte die Kammer der Worte leeren.
Eine Weile nur ins Schweigen gehen
wie in einen weiten Raum.
Ich möchte vergessen, wie das Gesagte schmeckt
und all das Gewusste und Geglaubte,
das Gemeinte und Verteidigte.
Ich möchte sein wie eine erste schuldlose Frage,
befreit von der Enge meiner Grenzen
und der Last meiner Erwartung.
Wortlos und klar.

Schweigen

Ich lerne das Schweigen.
Nicht das schamrote Schweigen
oder das wutentbrannte,
nicht das Verstummtsein
nach einer viel zu langen Zeit der Ohnmacht,
nicht das von fassungsloser Traurigkeit,
sondern das arglose Schweigen.

Das gute Schweigen,
in dem wir aus Achtung zurücktreten,
ein oder zwei Schritte nur,
hinter die Grenze der Worte,
um neu zu sehen und zu hören.
Das gute Schweigen,
in dem wir Raum schaffen
für einen Augenblick des Nochnicht
und für ein Staunen, das hinauf
zu den Sternen fällt.

Ich lerne wortlos zu sein,
nicht nur mit meinem Mund,
sondern mit meinem ganzen Wesen.
Still wie die Winterzweige,
die die Schwere des Laubs vergessen haben
und glücklich wie die Stämme darunter,
die zum ersten Mal den Himmel sehen.

Lauschen

Der Winter lehrt mich das Lauschen.
Wenn die kahlen Zweige der Bäume
in weiße Himmel ragen,
wenn das Gras vor Kälte erstarrt
und eine unvergleichliche Stille
den nahenden Schnee ankündigt,
halte ich inne,
und alles in mir horcht.

Selbst die verbliebenen Vögel
halten ihren Gesang zurück,
selbst der Wind schleicht auf leisen Sohlen
durch das sich breitende Dunkel.
Es ist, als legte die Erde
ihre Ohrmuschel an die Wölbung des Himmels
auf der Suche nach dem Herzschlag aller Dinge.

Neue Quellen

Ausgetreten sind die Wege des Wortes.
Meine Schritte sehnen sich
nach wegloser Weite.

Überfroren sind die Quellen des Sagbaren.
Ich bin allein mit meinem Durst.

Ich werde wandern
wie eine, die ihr Ziel nicht kennt,
und eine Stille wird sich freundlich
unter meine Füße schmiegen.

Ich werde lauschen
wie eine, die den Klang der ungehörten Dinge
in ihre Mitte sehnt.

Unhörbar rauschen in der Ferne
schon die neuen Quellen
meinem Durst entgegen.

Alles ist Stille

Die Stille ist meine Zuflucht.
Sie ist der Ort, der mich birgt,
und die Weite, die mich entlässt.
Sie empfängt mich ohne Fragen,
ohne Zweifel und ohne Urteil
und hält den Raum für mein Sosein.

Ein gleichbleibender Atemstrom ist sie,
auf den ich meinen Atem legen darf,
bis er in eine fast vergessene Tiefe sinkt.
Sie ist die Schale, die alles empfängt,
und die Fülle, die alles spendet.
Aus ihr geht Leben hervor.

Ich gehe in sie hinein
wie in ein heiliges Haus,
und sie geht viele Male durch mich hindurch.
Sie öffnet in mir alle Fenster und Türen zur Welt
und verwischt alle Grenzen
zwischen ihr und mir.

Hörst du, haucht sie mit ihrem Stilleatem,
alles ist still.
Alles ist Stille,
wenn du erst Stille bist.

Am richtigen Ort

Der fallende Schnee
hat alle Klänge mitgenommen
und sie in weiter Ferne
an einen geduldigen Horizont gelegt.
Die Wolken haben sich über mir
zu einem dichten Grau verbunden,
wie eine schwere Decke, unter der alle
müde gewordenen Gedanken
sich selbst vergessen dürfen.
Auch die Vögel in den Zweigen
tauschen ihr Lied gegen lautlose Andacht.

Der fallende Schnee
hat alle Klänge mitgenommen.
Auch aus mir.
Den leisen Nachhall der gestrigen Begegnung,
das wehmütige Seufzen einer Erinnerung,
die eilige Sorge, die die Zeit überholt,
um furchtsam ins Morgen zu blicken.
Nur Stille schließt sich in mir wie der graue Himmel,
arglos und sanft.
Alles ist am richtigen Ort,
alles verschmilzt ganz mit sich selbst
für einen Augenblick reinster Vollkommenheit.

Weberin

Die Stille ist eine Weberin.
Sie nimmt die Fäden meines Lebens auf
und fügt sie in das große Ganze.
Auch, was spröde und blass geworden ist,
bekommt durch sie einen Platz,
auch das Verlorene holt sie zurück.
Nichts darf fehlen, auch nicht das Unliebsame.
Sie würdigt alles unter ihren geduldigen Blicken,
frei von jedwedem Urteil.
Kette und Schuss,
einatmen und ausatmen,
träumen und werden.
Unter ihrer wissenden Hand
beruhigt sich mein Gewordensein.
Sie verkreuzt es mit farbenfrohen Möglichkeiten
zu einem Morgen, das ich noch nicht kenne,
zu einem Ich, dem ich noch begegnen werde,
und zu einem kostbaren,
atmenden Gewebe des Lebens.

Mit der dunklen Hand der Stille

Der Winter kommt,
und mit ihm rücken uns die Dinge immer näher,
im selben Maß, in dem das Leben sich zurückzieht.
Kein Blatt an den Zweigen hält mehr den Regen zurück,
keine Blüte und Fülle, keine Farbe steht länger
zwischen der Rohheit des Werdens und uns.
Die Bäume klingen seither, als hielten sie den Atem an,
doch wiegen sie sich hörbar im Wind
wie Träumende, vertieft in ihre eigenen Geschichten.
Der Bach am Stadtrand ist träge geworden,
schlaftrunken sendet er seine Wasser aus.
Uns fehlen die Lieder der Vögel, die in den Süden gezogen sind.
Ein Schweigen sitzt stattdessen in den Zweigen
und lotet das Dunkel jener Tage aus,
an denen der Himmel wie verschlossen ist.

Ein seltenes Glück ist es, wenn der Schnee kommt
und eine magische Stille vorausschickt.
Dann höre ich mein Herz schlagen und mein Blut rauschen,
als wäre ich außer mir,
als lauschte ich der Fremdheit meines Seins von ferne.
So ist der Winter. Er zieht uns aus den Dingen heraus,
auch aus uns selbst und der warmen Haut
der Selbstverständlichkeiten und aus dem Traum
von unablässiger Verfügbarkeit.
Er stellt uns in die Weite einer ernsten Frage,
ehe wir wagen, sie uns selbst zu stellen,

und gräbt geduldig mit der dunklen Hand der Stille
unsere Mitte um,
damit schon bald der Frühling darin wurzelt.

Wehrhaft

An manchen Tagen ist die Stille wehrhaft und rau.
Sie erwartet mich nicht als bergende Umarmung,
sie bettet mich nicht in stoische Zufriedenheit,
die vielen Wogen meiner dunklen Meere streicht sie nicht glatt.
Sie ist keine Trösterin, keine Schutzmantelmadonna,
keine Göttin nächtlicher Verschwiegenheit
und auch keine Freundin, die mich ohne ein Wort
zurück in meine Kräfte ruft.

Manchmal ist sie der lautlose Donner,
der all meine ungereiften Gedanken aus ihren Brutstätten treibt
wie Ameisen aus ihrem Bau, hinein in alle meine Zellen,
in all meine Blutgefäße, bis ich selbst
eine ziellose Woge der Unruhe bin.
Sie entzieht sich all meinen Bedürftigkeiten,
dem gierigen Griff meiner Hände,
und wirft mich auf mich selbst zurück
mit allem, was in mir zerrissen ist.
Ohne Zuflucht bin ich, nackt und allem ausgesetzt.

Dann erst, wenn ich es geschehen lasse,
wenn ich nicht länger auf meinem Wollen beharre,
wenn ich nicht länger leugne, fliehe und kämpfe,
gibt sie sich ganz zu erkennen.
Dann fließt sie mir zu, fließt über meine Haut,
unter mir her und durch mich hindurch
wie eine lichte, uferlose Zärtlichkeit,

in der mein ganzes Wesen dankbar treiben kann.
Und etwas in mir
wie eine Landschaft am Ende der letzten Winternacht
beschließt, ins Leben aufzubrechen.

Still sein

Still sein.
Raum lassen
für ein Sehnen,
das Atem holen will.

Still sein.
Auf den Grund sinken,
der den Schmerz
nicht fürchtet.

Still sein.
Das All finden
in der Haut
des Tropfens.

Verletzbarkeit

Nackte Baumskelette vor fahlen Himmeln, hängende Köpfe abgeblühter Pflanzen, Tiere, die unter dem Schnee nach Nahrung suchen: Die Sinnbilder des Winters rufen seit jeher nicht nur in Dichtenden und besonders Empfindsamen ein Gefühl tiefer Verletzbarkeit hervor. In der dunklen Jahreszeit zeigt sich die Erde schutzbedürftig und nach innen gekehrt. Während wir in beheizten Räumen kaum einer winterlichen Bedrohung ausgesetzt sind, kämpfen draußen Tiere und Pflanzen oft um ihr nacktes Überleben. Aber in uns schlummert noch eine Erinnerung an die nicht allzu ferne Vergangenheit, in der Menschen die Winterzeit überstehen mussten, allen Gefahren wie Hunger, Kälte und Krankheit zum Trotz. Auch, wenn wir heute weitgehend unabhängig von schwierigen Witterungen leben, bleiben der Dezember und Januar die Monate mit der höchsten Sterblichkeit.

Die Abwesenheit von Farben, lockenden Düften und quirliger Lebendigkeit erinnert uns immer wieder an unsere Verwundbarkeit. Inmitten winterlicher Nacktheit bemerken wir, wie angewiesen wir auf das Blühen und die Fülle des Nährenden sind. Wie sehr wir das Licht brauchen, wie sehr erlebte Verbundenheit und etwas Bleibendes, das uns nicht wie alles Vergängliche zwischen den Fingern zerrinnt. Die Schattenseiten unseres Daseins treten uns im Winter klarer denn je vor Augen: unser Schmerz und unser Scheitern, allgegenwärtige Verluste und Ängste und die Momente, in denen wir schuldig werden.

Abschiedlichkeit liegt in allen Dingen und verdichtet sich zu der Gewissheit, dass es keine Wahl ist, verletzbar zu sein. Verletzbarkeit begegnet uns in der Dunkelheit und Kargheit des Winters so unverhüllt als Teil unseres Wesens, dass uns nichts anderes übrigbleibt, als die Hand nach ihr auszustrecken und sie anzunehmen.

Manchmal beschenkt uns diese besondere Zeit mit der Erfahrung, dass das gebrochene Herz der Ort ist, an dem die Tiefe und Schönheit des Lebens sich zu erkennen geben.

Abschiedlich leben

Der Herbst ist fortgegangen.
Nur eine Handvoll gelber Blätter ließ er zurück
und seine letzten großen Stürme,
in die sich schon der Duft des Winters mischt.
Nun steht ein ernstes Dunkel aus den Dingen auf.
Wie eine Frage, ein Beschwören,
mit einer Stimme, die auch meine ist:

Hast du die Farben aufgesammelt?
Mit einer Hand die Früchte und die Innigkeiten,
die Heiterkeit des Augenblicks,
nur um sie mit der anderen Hand zu lassen,
sie in die Welt zurückzuschenken
wie Sand ins Stundenglas der Zeit?
Hast du gelernt zu leben, wie die Erde lebt?
Abschiedlich, doch ohne Trauer,
flüchtig, doch ohne Eile,
werdend, doch schon vollkommen?

Ich lerne es.
Und immer kleiner wird die Furcht
und immer größer mein Erstaunen.
In jedem Winter wächst ein stilles Glück
wie ein Begreifen, wie die Erinnerung daran,
dass auch die Blüte meines Lebens
tief im Abschied wurzelt.

Erinnerungen

Manchmal,
wenn wir im Herbst die ersten Blätter fallen sehen,
empfinden wir Bedauern.
Und dieses Bedauern gilt uns selbst,
es ist eine Erinnerung an die Verluste in unserem Leben,
an die Momente, in denen wir Abschied nehmen mussten
von Menschen, von Dingen und Träumen,
die uns lieb und teuer waren.

Manchmal beschleicht uns dann ein Gefühl
der Dringlichkeit, einer gebotenen Eile.
Und diese Eile gilt uns selbst,
sie ist eine Erinnerung an die Versäumnisse in unserem Leben,
an die Momente, in denen wir erkennen mussten,
dass eine kostbare Möglichkeit unwiederbringlich
verloren war und dass etwas für immer unausgesprochen,
ungetan oder unversöhnt bleiben würde.

Manchmal,
wenn dann der Winter kommt
und die letzten Blätter sich gegen ihr Fallen sträuben,
empfinden wir Vergeblichkeit.
Und diese Vergeblichkeit meint uns,
sie ist eine Erinnerung daran, dass auch wir
schon viele Male kämpften und verloren,
dass unser Wort, unser Wollen und unser Tun
nicht genug Gewicht hatten, um etwas abzuwenden
oder etwas gegen Widerstände aufzubauen.

Manchmal schauen wir auf die nackten Zweige
und empfinden Einsamkeit.
Und diese Einsamkeit meint uns,
sie ist eine Erinnerung daran, dass wir selbst in der Umarmung
eines tief geliebten Menschen auf eine Art allein sind,
mit jeder Frage und mit jeder Entscheidung,
mit allen Wogen der Empfindsamkeit
und bis hinein ins Sterbenmüssen.

Manchmal ist es an der Zeit, neu hinzuschauen.
Den eigenen Schmerz aus allem,
was erscheint, herauszunehmen.
Der Linde zuzusehen, die ihre Blätter loslässt
und die dann fest und ruhig im Weiß des Winters steht.
Ganz trauerlos und still und ohne jedes Zögern,
zum richtigen Zeitpunkt all ihre Kräfte
zurück in die offene Hand des Frühlings zu schenken.

Andacht

Wenn es wintert, zeigen sich die Dinge nackt.
Die leeren Zweige und die blütenlosen Gräser,
die kahle Weite und die Felsen,
aufgetaucht aus welken Rispen,
und die ausgewaschenen Himmel,
die ihr Blau schon fast vergessen haben.
Darin die fahle Mittagssonne
und auch die Zeit, die wie ein Memento Mori
mit kalter Hand an unsere tiefsten Fragen rührt.

Alles ist nackt.
Und diese Nacktheit schaut uns an
wie Andacht, die aus allen Dingen fällt,
doch auch aus uns und allem zu
und wie ein Ursprung, der den Gang
des Lebens überdauert,
und der sich unbewegt
in unserem Schauen wiederfindet.
Ein tiefes, reines: Ich bin hier. Ich bin.

Unendlichkeit

Es braucht nicht viel,
um der Unendlichkeit zu begegnen.
Die Dunkelheit,
mit der uns Nacht und Winter reich beschenken,
weckt unsere kostbarste Erinnerung.
Aus jedem Stern
fällt uns das Undenkbare entgegen,
bis in den Abgrund unseres immer neuen Staunens.
Der Vogel der Stille
nistet in der Schale des Mondes
und breitet seine geduldigen Flügel
über das Wunder göttlicher Zerbrechlichkeit.

Weltvergessenheit

Die Erde unter meinen Füßen ist hart geworden
wie eine Schale, die sich schützend um das Verletzliche
in ihrem Inneren schließt.
Das Licht, der Wind und jeder Laut
und auch die vielen Schritte, die wir gehen,
sind nun mit sich allein.
Wie abgewandt von allen Dingen
schaut die Erde bis auf ihren eigenen Grund.

Erlaube auch du der Winterhaut,
sich sanft um dich zu schließen
und dich dem Licht, dem Wind und jedem Laut
und allen liebgewonnenen Ruhelosigkeiten
für eine Weile zu entziehen.
Du musst nichts tun,
als diese Abgeschiedenheit zu atmen
und deinem Blick bis auf den eigenen Grund zu folgen.

Jedes Leben braucht die Ruheräume,
die Räume tiefer Weltvergessenheit
und das Schauen, das sich selbst genügt.
Jedes Leben braucht das stille Fallen in die Zwischenzeit,
in der die Dinge innehalten,
in der die Weisheit der Natur
sich auf sich selbst besinnt
und aus unberührten Tiefen neue Wunder schöpft.

Nur das, was ist

Nur das, was ist.
Nur das, was ist, wird dich befreien.
Es wird dich tragen wie ein schwarzes Meer,
wie eine winterliche kalte Woge,
die dich umspült und dann durchrauscht,
dich knetet, kaut und neu erschafft
und dich an unberührte Ufer wirft,
an denen nichts mehr deine Sinne trübt.

Nicht die Erwartungen anderer,
in die du hättest wachsen oder schrumpfen können,
nicht die Hoffnungen auf eine bessere Zeit
und nicht die Sorgen,
die vorweggenommener Schrecken sind.
Auch nicht die Schuldgefühle,
die in Vergangenem nach Schmerzen suchen,
die du noch nicht restlos ausgetrunken hast.

Nur das, was ist.
Nur das, was ist, wird dich befreien.
Nicht das Vertagte, das Verdrängte,
das Erhoffte und Verirrte,
nicht das Geglaubte und Gemeinte,
nicht die überblühten Wunden deiner Kindheit
und nicht die Unerbittlichkeit der Hände,
mit denen du den Abgrund deiner Trauer schließt.

Nur das, was ist.
Lass alles gehen.
Lass deine Hände sinken bis zum Grund des Seins.
Alles ist nackt. Ein schwarzer Zweig am Winterhimmel.
Ein wacher Vogel, der die junge Nacht zersingt.
Und darin du und nur dein Atem,
der den dunkelblauen Himmel weißt.
Nur das, was ist.

Schneezart

Zarte Haut aus Eis
über dem Wasser.
Kaum mehr als ein Hauch bist du
und trägst doch
das Leben des Vogels.

Atmender Grund aus Dank
unter meinen Tagen.
Schneezart bist du
und trägst doch die Schwere
eines verwundeten Herzens.

Lerne, winterlich zu sein

Wenn du mit Blicken schwer beladen bist,
die dich missachten oder infrage stellen,
die etwas fordern, das du nicht zu geben bereit bist,
oder etwas besiegeln, das du nicht ertragen kannst,
wenn du mit Blicken schwer beladen bist,
die dich gar nicht meinen
und die etwas Schmerzliches in deiner Mitte lassen
wie eine fremde, ungewollte Traurigkeit,
dann lerne vom Winter das rettende Lassen.

Lerne das heilsame Ruhen in dir.
Sieh auf die nackten Zweige
an dunkelnden Himmeln.
Atme den Duft des toten Laubs,
das nun die träumende Erde wärmt.
Wenn nichts bleibt als Notwendigkeit,
als sanft verschlossene Ruheräume
und Leben, das für seine Zukunft Sorge trägt,
begegnest du dem Unversehrten
inmitten von Verletzbarkeit.

Entlasse auch du das nicht länger Tragbare
aus deinen Gedanken und die Last
fremder Erwartung aus deinen Gliedern.
Lass die Dinge sterben,
die nicht länger zu dir gehören.
Das Gewicht jeder Erfahrung
wird die wartende Erde in dir wärmen.

Lerne, winterlich zu sein.
Alles, was dich trübte,
fällt aus deinem Namen.
Und dein kostbares Leben
fällt zurück in deine Hand.

Durchscheinend

Wenn du allein bist,
bewohnst du dich selbst
fast wie eine Frage.
Deine Haut ist durchlässig,
auch der geduldige Wind
und das Lied der Seidenschwänze
gehen durch deine Mitte.

Unter Menschen,
selbst unter den Vertrauten,
schließt sich noch immer deine Haut
um etwas, dem alle einen Namen geben wollen.
Du füllst es aus, du wehrst es ab
und bleibst durch beides
fest in dir verschlossen.

Nun fällt der Winter
still in dein Alleinsein,
seine Haut so zart und dünn,
dass du das Herz des Lebens
darin schlagen sehen kannst.
Das blaue Eis singt in der Ferne
und aus dir fließt der klare Klang
der Eigentlichkeit.

Scheitern

Wenn du scheiterst,
fällt ein Leben, das zu krumm war
für die geraden Wege
aus der Unmöglichkeit in die Welt.
Es fällt in das Meer deiner Tränen
und in die Klarheit deiner Enttäuschung,
es fällt in deine Stimme, die vor Zorn zittert,
und hinab bis in die tiefste Erdschicht
deiner Niedergeschlagenheit,
um dort zu wurzeln
und das Bernsteingelb der Sonne zu rufen.

Du denkst, du habest verloren,
nicht nur eine Gelegenheit,
auch ein empfindliches Maß an Mut
und ein Stück des sicheren Bodens unter dir,
doch wenn du mit deinem ganzen Körper lauschst,
spürst du die unermessliche Weite,
die nur durch das Misslingen zu dir fand.
Ohne es zu wissen,
hast du das Unbezähmbare beschworen,
das Ursprüngliche,
das die seltene Blüte der Verwandlung
in die Leere deiner Hände legt.

Glück

Der Winter legt zur Nacht
ein Lied aus Wind und Schnee
in dunkle Münder tiefer Straßenschluchten.
Kristalle schweben unter der Laterne,
und etwas Unsichtbares hält die Hast der Zeit zurück.
Durch goldene Augen schauen Häuser in die Ferne
wie schwarze Katzen, satt vom Tag.
Mein Herz ist nackt
wie geisterhafte Birkenzweige,
auf denen sanftes Silberlicht der Sterne ruht.
Glück ist wie diese leisen Winternächte,
in denen alles frei von Wunsch und Wollen ist.

Warten

Winterzeit – Zeit des Wartens. Die unter der Erde ruhenden Samen und Knollen warten auf Wasser und auf die Rückkehr des Lichts. Die Fische am Grund des Sees warten auf Wärme und der Fuchs auf eine Gelegenheit, die Hinterhöfe in der Stadt ungestört nach Nahrung zu durchforsten. Viele Kinder und Kindgebliebene warten auf den Schnee, auf das funkelnde Gold kunstvoller Eiszapfen unter einem strahlend blauen Himmel. Die Adventszeit legt uns das Warten ans Herz, mehr noch, die frohe Erwartung einer Geburt, die auch für uns ein neues Leben besiegelt. Manche warten nach einem anstrengenden Jahr auf die Rückkehr ihrer Kraft und den Geschmack des Aufbruchs am Beginn des neuen Jahres. Doch wie vertraut sind wir heute noch mit dem Warten?

Wir haben uns einen komfortablen Alltag eingerichtet, in dem alles zu jeder Zeit verfügbar zu sein scheint: die Früchte von der anderen Seite der Welt, die modernste Technologie, das neueste Musthave, das fernste Reiseziel. Zu jeder Zeit ist alles da, was wir brauchen, und auch das, was wir nicht brauchen, aber glauben, haben zu müssen. Um welchen Preis?

Die ständige Verfügbarkeit macht auch vor uns nicht Halt: Wir sind ebenso dem Zwang unterworfen, ständig erreichbar zu sein.

In den Armen des Winters können wir die Kunst des Wartens neu lernen. Warten bedeutet, das Kostbare einzuladen. Die wachsende Geduld zu beheimaten, die uns mitfühlender macht. Weite zu werden, die nicht zwingt und nicht ausbeutet. Vorfreude zu finden und ihr den Raum zu überlassen.

Wir entdecken das Anhaltenkönnen, das Aushaltenkönnen und das Auskosten der Dinge, wie sie sind. Warten muss nicht erlitten werden – wir können es gestalten. Indem wir das tun, wachsen wir hinein in eine Zugewandtheit zur Welt, die den Dingen ihr Geheimnis lassen kann. Alles hat seine Zeit. Das Suchen und Sehnen ebenso wie Erfüllung und Enttäuschung. Staunend erahnen wir, wie sehnlich auch wir erwartet werden.

Beschenkt

Man muss den Dingen nichts entreißen.
Alles, was lebt,
schenkt ungebeten seine Kostbarkeit.

Der Morgen schenkt die Lichter an die Fenster,
und aus den Wiesen schenkt die Blüte ihre Düfte.
Der Baum schenkt seine Früchte auf gedeckte Tische,
an denen Hände dankbar ineinander liegen.
Der Himmel schenkt sein Blau in jeden Kummer,
der sich für einen Augenblick vergessen will,
und jeder Blick des anderen beschenkt uns
mit der Gewissheit, dass wir sind.

Der Winter schenkt die uferlose Stille,
die uns an unseren Schweigegrund erinnert,
an unsere Heimat, die wir nicht verlieren können.
Er schenkt das Dunkel, das uns immer wieder lockt,
aus leeren Sinnen neue Schönheit in die Welt zu träumen.
Er schenkt das Lied, das jedem Sterben trotzt.
Und auch die Freude, die geduldig ist und warten
und ihrem eigenen Atemholen lauschen kann.

Lass den Winter seine Arbeit tun

Lass den Winter seine Arbeit tun.
Er wird ein sanftes Dunkel an die Ränder deiner Tage legen
und deine Ruheräume unablässig weiten.
Die Zweige wird er vom Gewicht des Laubs befreien
und im Vorübergehen die Last von deinen Schultern nehmen.
Er wird dich zärtlich aus der Enge aller Zwecke lösen,
weil es längst nichts mehr zu sammeln und zu ernten gibt.
Alle Farben wird er aus den Wiesen nehmen,
bis du das Geheimnis, das auch dich erschafft,
durch die blasse Haut der Erde sehen kannst.

Aus der Mitte der Dinge wird er rufen,
bis alle Lebenskräfte darin neu zusammenfinden
wie eine Flamme, geschützt vom runden Glas der Laterne.
Alles Unvollendete wird er dir aus den Händen pflücken
und es ins tiefe Seufzen unbewegten Wartens legen.
Er wird dich bergen wie ein Schweigen, das dich würdigt
und das den Fragen deines Werdens ihre Schönheit lässt.
Und wenn der Frühling naht,
wird er dir einen Vorrat tiefen Friedens
in die winterblauen Kammern deines Herzens legen.

Warten

Warten.
Ich halte an.
Ich schließe die rastlose Welt hinter mir
und niste mich ein,
in der Höhlung des Jetzt.

Warten.
Ich halte aus.
Ich tröste meine Hände,
die erschaffen wollen,
und meine Füße, die vom Weglaufen träumen.

Warten.
Ich atme.
Und finde im Fluss des Atems,
zwischen zwei Zügen
die Perle des Stillstands.

Warten.
Ich werde.
Etwas rührt mich an
und löst mich aus der Enge
meiner Haut.

Alle guten Dinge brauchen Zeit

Der Winter hat keine Eile,
denn alle guten Dinge brauchen Zeit
und die Geduldigen, die warten können.
Das Dunkel nimmt sich vor,
auf seiner Reise jedes Licht zu löschen.
Auch aus den Wiesen weicht das Grün
und in den Bäumen geht die letzte rote Flamme aus.
Die Erde atmet aus mit leisem Seufzen
und tiefer Schlaf fließt in die leer gewordenen Räume.

Nun hasten wir durch winterblaue Gassen,
geschäftig, laut und stets mit vollen Händen
wie eine unbeirrte Widersinnigkeit.
Bleib stehen. Lass alle Dinge los.
Und lass das Dunkel auch dein wundes Herz bereisen,
in dem so vieles tiefer sinken, ruhen
und sich finden muss.
Hab keine Eile,
denn alle guten Dinge brauchen Zeit
und die Geduldigen, die warten können.

Aushalten

Kannst du es aushalten, nicht zu wissen,
wann der Schnee schmilzt,
wann das Eis auf den schwarzen Wassern bricht
und die Dunkelheit ihre Ströme aus dem Tag zurückruft?
Nicht zu wissen,
wann eine schmerzliche Erinnerung verblasst,
wann deine Wunde sich schließt
und ein gangbarer Weg sich vor dir öffnet?

Kannst du es aushalten, zu warten,
bis die Wurzeln ihren Traum zu Ende träumen,
bis das Licht aus allen Zweigen und Gräsern aufsteht
und der schlafende Keim erwacht?
Zu warten,
bis eine Frage in dir ausreift,
bis ein Herzenswunsch Wirklichkeit wird
und ein Mensch den Mut in dir aufliest,
den du verloren glaubtest?

Alles hat seine Zeit

Der alte Ahorn vor meinem Haus
hat längst sein Winterschweigen angelegt.
Es ist noch nicht lange her,
da schmückte er den Weg mit seinen feuerroten Blättern.
Vielleicht, um dem Kind, das selbstvergessen im Laub spielte,
einen ersten Geschmack von Herbst und Glück zu schenken,
vielleicht, damit die Vorübergehenden sich einmal noch
an warmen Farben sattsähen,
vielleicht auch, um den Traurigen, der herüberschaute,
daran zu erinnern, dass das Endende sich würdevoll
und feierlich ins Leben fügt.

Doch gewiss um seiner selbst willen
zog er die Säfte in seinen Stamm hinunter
bis in die Wurzelspitzen, die verborgen sind.
Er ließ die Blätter los,
um nicht zu hungern, wenn der Winter kommt,
um nicht zu sterben, wenn die Tage dunkel werden.
Und um den anderen Bäumen, die sich in der Erde
tief mit ihm verzweigen, keine Last zu sein.

Er ist beredt
in seinem Winterschweigen
und spricht von dem, was wir ein gutes Leben nennen.
Von ihm lerne ich,
auch das Endende nicht zu bedauern,
es nicht als Schicksal zu begreifen,
dem ich unterworfen bin.

Auch das Entschiedene darin zu sehen,
die weiten Kreise, die mein Freisein zieht,
und das kostbare Wollen, das mich schöpferisch macht.

Ich lerne von ihm, mich in alles zu verzweigen,
in die weiten Himmel und die dunklen Tiefen,
Fuß zu fassen in dem, was mir gegeben ist,
und mich darin mit ganzem Herzen zu beheimaten.
Mich zu verschwenden
an die Lust des Augenblicks,
nichts zurückzuhalten in der Zeit der Fülle,
wenn Leben immer neues Leben schafft
und alle Räume mit der Kraft der Blüte füllt.

Ich lerne, dass die Zeit der Fülle endet,
nicht einmal, sondern immer wieder.
Dass sich immer neu ein Schweigen öffnet und ein Dunkel,
in dem ich eine andere werden muss.
Dann rufe ich aus den Dingen, in die ich mich verzweigte,
alle Kräfte zurück und sammle sie in meiner Mitte.
Ich lasse los, was an sein Ende kommt,
und manches Mal auch jene tief geliebten Dinge,
die wir nur unter Tränen gehen lassen können.

Ich lerne sie zu lieben, die dunklen Zeiten,
die Ruhezeiten und Zwischenzeiten,
die Tage der Verwandlung,
um meiner selbst willen und um alles Lebendigen willen,
mit dem ich tief verbunden bin.
Ich lerne die Geduld, die sagt: Alles hat seine Zeit.

Ein neuer Sinn

Warte,
weil du sonst zu spät kommen wirst
zum Neubeginn, den dir das Leben
in das steigende Gold des Morgens legt,
zur Vergebung, die dir von einem Menschen,
an den du nicht denkst, geschenkt werden will,
und zur rätselhaften, nicht endenden Freude,
die mit einem Blick auf das Türkis des Eisvogels begann.

Du wirst zu spät kommen
zu den schicksalhaften Wegkreuzungen,
die das Leben sorgfältig für dich ersann,
wenn du den Schmerz, den du bis jetzt trägst,
nicht bis in deine Fußsohlen fühlst,
wenn du der Angst nicht erlaubst,
jedes Haar auf deinem Arm aufzurichten,
und wenn du der einen Erkenntnis nicht genug Raum gibst,
die ein Meer der Reue mit sich bringt.

Du bleibst dir fremd,
wenn du die Tiefe nicht wagst,
du bleibst blind wie ein Stein am ausgewaschenen Ufer,
den die flüchtigen Wasser zerrieben haben,
hineingeworfen in eine Welt, die du nicht begreifst,
weil du nicht wagst, in ihre Dunkelheit hinabzusteigen.
Gib deiner Welt die Dunkelheit zurück,
so wie es immer neu der Winter tut.
Und dann warte.

Warte auf die Langsamkeit tiefen Begreifens.
Warte auf die, die du wirst, wenn du allem begegnest.
Wenn du dir glaubst, der Raum zu sein,
der einen Kummer halten kann
und auch die Endlichkeit der Freude.
Wenn du geduldig den Geschmack der Dinge
auf der Zunge trägst, bis in das Zittern deiner Worte.
Warte, bis ein neuer Sinn in dir heranwächst,
der den richtigen Moment lesen kann wie das Zifferblatt
und der immerzu die frisch durchgrünten Wege findet,
die dir und deinem Werden offenstehen.

Die dunkelblaue Muschel

Warte doch.
Nur einen Augenblick.
Der müde Tag lehnt sich
an deine Schulter
und weint sich aus.

Lass alles ruhen.
Den Wunsch, die Klage.
Halte nur dem Leben
die dunkelblaue Muschel
deines Lauschens hin.

Geduld

Du denkst, du müssest Geduld haben
mit dem Tag, der sich deinem Verlangen verschließt,
mit den versperrten Wegen, den unerwarteten Verlusten
und dem Menschen, der dich verkennt.
Geduld mit dem Sinn, der sich nicht preisgibt,
und der Erfüllung, die immer noch auf sich warten lässt.
Du denkst, du müssest sie tragen, die Bürde des Wartens,
und das Leiden an der Langsamkeit der Dinge.

Aber du weißt nicht, was Geduld ist,
wenn du nicht für die Dauer eines strengen Winters
die nackten Zweige einer Trauerweide betrachtet hast,
die der Kälte trotzen, die unter der Last des Schnees
ächzen oder brechen und deren frische Triebe
sich im Frühjahr aus dem schwindenden Dunkel
zum Licht hin befreien.
Du weißt nicht, was Geduld ist,
wenn du nicht dem Rothirsch begegnet bist,
der mit trägem Herzschlag und leerem Magen
auf das Ende seiner Starre wartet, die ihn schwächt
und verletzbar macht.

Du weißt nicht,
wie geduldig das Leben mit dir ist.
Wie es dich hält, auch wenn du deinen Halt verlierst,
wie es in deinen Zellen strömt und sagt: Ich bin.
Wie es dich lockt, die Schwere deiner Furcht
und den Nachgeschmack der Enttäuschung

immer wieder zu vergessen
für einen neuen Schritt ins Ungewisse
und in den Zauber des Undenkbaren.
Wie es dir an jedem Morgen
mit einer Geste der Versöhnung
einen Neubeginn an deine Fenster legt.

Sieh, wie das Leben dich tröstet
in jeder samtenen Umarmung der Nacht,
und wie es dich nährt mit Früchten und Farben,
mit dem Klang des Regens und der zärtlichen Berührung
einer Hand, die die Dinge hält und verliert wie deine.
Das Leben hat beschlossen, dich niemals aufzugeben.
Auf dich zu warten,
bis du mit Haut und Haar ins Wunder fällst.

Warte auf dich

Warte auf dich.
Gestehe dir Räume zu,
in denen du Atem holen
und zur Besinnung kommen kannst.
Verzwecke sie nicht,
die Kraft deiner Hände,
die Unermüdlichkeit deiner Schritte,
und die wagemutigen Flüge deiner Gedanken,
die sich mit der fernsten Idee
und dem gefahrenvollsten Aufbruch befreunden können.
In dir wohnt eine schöpferische Freude,
die immer wieder in der Tiefe ihrer selbst
ausruhen muss wie die Erde im Kokon des Winters,
die ihrer Neugeburt entgegenträumt.
Verzeih deiner leise flüsternden Furcht,
nicht zu genügen, und auch der Ungeduld,
die alles überstürzen will.
Du weißt längst, dass alle Dinge ihre Zeit haben
und dass das Gute langsam reift.
Wiege alles in deinem Herzen.
Alles, was das Leben dir schenkt und zumutet,
was es dir bereitet und entzieht,
denn nur dann wird etwas, das du nicht fassen kannst
und das auch dein Gesicht trägt,
sein Geheimnis mit dir teilen.
Warte auf dich.

Empfänglichkeit

Wenn wir der Leere der Winterlandschaft begegnen, spüren wir unweigerlich, wie es um unsere inneren Räume bestellt ist. Fügen wir uns ein in die ruhende, losgelöste, wartende Welt? Die Welt, die Raum für das Kommende schafft? Oder sind wir noch besetzt mit unzähligen Fragen, Wünschen und Sorgen, die wir nur schwer loslassen können?

Wir wissen vermutlich nicht viel über das erstaunliche Zeitgefühl der Bäume, die an der Schwelle zum Frühling den richtigen Moment für den Austrieb finden müssen. Dass sie dabei auf ein „Gedächtnis" für die Tageslänge, die Temperatur und die Anzahl wärmerer Tage zurückgreifen, ist ebenso erstaunlich wie ein wunderbares Bild für tiefe Empfänglichkeit.

Denn empfänglich zu sein bedeutet, mit einer großen Aufmerksamkeit und mit wachen, feinen Sinnen gegenwärtig zu sein. Als lauschte man mit seinem ganzen Wesen. Als ahnte man mit der Herzhaut. Empfänglichkeit bedeutet, auch um den Preis der Verletzbarkeit offen und berührbar zu bleiben und sich auf etwas einzulassen, das uns begegnen und sich mit uns verbinden will.

In der Symbolik der Adventszeit ist es besonders Maria, die tiefe Empfänglichkeit verkörpert. Ihr Lauschen, ihre Bereitschaft, sich erfassen und begeistern zu lassen, und ihr entschiedenes Ja allen Widerständen zum Trotz ebnen einem heiligen Geschehen den Weg. Dabei erweist sich ihre Lebensgeschichte als fruchtbarer Boden, auf dem etwas Unerwartetes erblühen kann.

In solche Empfänglichkeit können auch wir hineinwachsen, begleitet und geführt von der Weisheit der Jahreszeiten. Auch wir können in uns Raum für das Wesentliche schaffen. Aufmerksam werden für die Welt in und um uns. Weit werden für das wachsende, wandernde Leben, das uns Früchte tragen lassen will. Für einen Traum, der unsere Worte und unsere Hände braucht. Auch wir können mit unseren Gaben und Wunden Ausdruck einer Liebe sein, die sich der versehrten Welt schenken und etwas Neues erschaffen will.

Brachzeit

Brachzeit, Winterzeit.
Zeit, in der mein Wollen ruhen darf,
denn das, was ist, genügt.

Die Tage sind kurz,
umspült von Wogen des Dunkels.
Die Nacht atmet tief in mein Herz.

Brachzeit, Winterzeit.
Zeit, in der ich Frieden schließe
mit allem Unfertigen.

Die Nächte sind weiß.
Blind fällt ein funkelndes Fragment
des Himmels an mein Fensterglas.

Maria

Mir geschehe nach deinem Wort –
das ist ein Lauschen.
Ein Lauschen auf das eine Wort, das alles ändert,
das größer ist als meine müde gewordene Erwartung,
das eine Wort, das mein Erstaunen weckt.
Ein Lauschen auf den einen Klang, der meine Ruhe stört.
Der mich aus der Enge der Gewohnheit und der Pflichten lockt
und aus dem Griff unzähliger Befürchtungen,
hinein in ein atmendes Wagnis.

Mir geschehe nach deinem Wort –
das ist uferloses Vertrauen.
In die Ungewissheit und das Nochnichtsichtbare,
in das Geheimnis, das noch werden will.
In ein Allesistgut, das ich nicht besitzen,
wohl aber ahnen kann.
In die Gottheit, die mich aus den stillen Dingen
wie ein Glück befällt
und die mir in der Zeit abgründiger Traurigkeiten
immer wieder Brücken unter die Füße legt.

Mir geschehe nach deinem Wort –
das ist Aufbruch.
Aufbruch in eine neue Zeit, die beginnt,
wenn wir nicht länger gebeugt sind,
nicht länger beschämt, bedrückt und begraben
und nicht bewaffnet mit Worten aus Stein.

Wenn wir lernen, die Schönheit aufzulesen aus allem, was ist,
und von der Stille in unserer Mitte zu trinken,
die unseren tiefsten Durst stillen kann.
Wenn wir es wagen, unserem Leben Bedeutung zu geben
und endlich die Wunder erhören,
die von unseren Händen gewoben werden wollen.

Mein Glück gehört mir nicht

Ich habe zu essen,
ich habe ein Zuhause,
warme, bergende Räume,
in denen sich das Leben sammelt.

Die Sonne stand heute
über leuchtenden Dächern,
und der Frost begrüßte mich
am Briefkasten,
in dem die Zeilen einer Freundin lagen.

Meine Füße tragen mich
wohin ich gehen mag,
und meinen Ohren entgeht nicht
der heitere Gesang der Vögel am Morgen.
Es geht mir gut.

Alles ist frohe Augenblicklichkeit,
ist geschenktes Glück.
Und dieses Glück gehört mir nicht,
es fließt aus übervollen Brunnenschalen
dem einen Sehnen zu,
das in der Ferne wispert.

Empfänglichkeit

Empfänglich sein
heißt, angefüllten Raum zu leeren
für etwas, das sich schenken will.
Das Haben und das Habenwollen
mit großer Sorgfalt aufzulesen
und ohne Zögern aufzugeben.
Und dann den Raum auch zu bereiten
und zu halten,
wie man den Tisch bereitet für
das Mahl mit der Geliebten,
wie man den Raum der Stille hält
vor dem Gebet.

Empfänglich sein
heißt, auf die Art zu lauschen,
die uns von Kopf bis Fuß zur Schale macht,
und auf die Art zu schauen,
die blaues Mondlicht
an das Glas der Fenster ruft.
Und dann die Dankbarkeit vorauszuschicken,
die dem Zukünftigen vertraut.
Dem Leben alles Sehnen hinzuhalten
und auch das Lachen, das wie Staunen klingt.
Zu sein wie das Atemholen einer Schöpfung
an ihrem allerersten Tag.

Was dich lebendig macht

Alle Früchte sind längst aufgesammelt,
die letzten Blätter sind gefallen,
und auch die Rispen sind abgeblüht.
Der Frost steht an den Rändern
der Wiesen und wartet
auf den Rückzug des Lichts.

Nun leg die Dinge aus der Hand,
die dir zu schwer geworden sind.
Gib auch die Worte her,
die keine Flamme mehr im Inneren tragen.
Leg die Schmerzen,
die sich gegen Trost verschließen,
zum ersten Schnee.

Alles, was enden muss,
geht an der Hand des Winters fort.
Auch die Dinge, die wir ziehen lassen,
um heil zu sein.
Lass dich von dieser dunklen Zeit
in stille Räume offener Weite träumen.
Empfange neu, was dich lebendig macht.

Inkarnation

Etwas, das größer ist als ich,
will in mir leben,
es nimmt in meiner Geschichte Platz,
mitten im unwiederholbaren Wunder
meiner gewachsenen Einsicht,
zwischen den Blüten meiner Freude
und im bitteren Geschmack meiner Verluste.
Es nimmt mir nichts,
um sich in mir auszubreiten
wie eine grüne Flechte reiner Lebendigkeit.
Es wächst dankbar in dem, was ich bin,
gemäß meinen Jahreszeiten
des Aufbruchs, der Fülle und des Lassens.
In mir trägt es mein Gesicht,
doch wenn du lang genug in meine Augen schaust,
siehst du den blicklosen Abgrund der Seligkeit,
dessen Atem jede Form hervorbringt,
auch die, die ich annehme im nächsten Moment.
Ich bin nicht hier,
um meine Geschichte abzustreifen,
ich bin hier, um sie auszufüllen,
bis sie die weiten Räume atmet,
in denen du die Wurzeln und die Sterne
vom Namenlosen singen hören kannst.

An den Schwellen

Wir haben die Hände zahllose Male
nach dem Rettenden ausgestreckt,
nach überwältigender Größe
und der Macht, die verheißt,
jeden Widerspruch zu lösen
und alles Schmerzliche zu bezwingen.
Helden und Gottheiten sehnten wir herbei
wie den Vater, der das Kind
dem Dunkel entreißt.

Wie oft aber
sind wir dabei ins Kleinste gefallen,
hinein in die Ohnmacht des Schwachen,
in die Zwecklosigkeit des Schönen,
hinein in die Arglosigkeit des Gegenwärtigen,
das nichts von unseren Kämpfen weiß.
Und fühlten dabei:
Das Rettende ist längst da,
bereit, uns zu bewohnen.

Geduldige Erde, ein Tropfen Licht,
ein winziger Keim, der nach langem Winter
die Erde durchstößt, dem Frühling entgegen.
Ein Moment der Stille, eine tröstende Hand.
Eine aufrichtige Frage und ein geteiltes Mahl.
Ein warmer Blick, der tiefe Einsamkeit durchblüht,
und der gemeinsame Schritt in die Ungewissheit.

Nicht mehr als das. Nur ein Begreifen,
dass jeder Atemzug ein Aufbruch ist
und neue Welten an den Schwellen auf uns warten.
Auch heute, auch in diesem Augenblick.

Liebesdienst

Das Eis auf dem See
versprengt das heitere Mittagslicht.
Vielleicht auch für mich.
Mein Blick
trinkt Sonnengold
aus tausend glitzernden Bechern.

Leben mit gebrochenem Herzen

Lass dich bewohnen
von der Verschwiegenheit des Winters.
Von der Stille, die nichts bedauert,
nicht den Rückzug des Lichts,
nicht das Versiegen der Farben und Düfte,
nicht das Verklingen der Starengesänge
und auch nicht das Sterben der Pflanze
über eisbedeckter Erde.

Auch du bist vertraut
mit Tagen ohne Licht, mit Zeiten,
die dich mit deinen Fragen allein ließen,
und mit dem nagenden Hunger nach Trost
und echter Begegnung.
Auch du bist vertraut
mit schwindender Kraft und dünner werdender Haut,
mit der Wunde des Verlusts,
die immer wieder aufbricht und schmerzt,
mit müde gewordener Zuversicht
und mit Tagen ohne den lockenden Duft des Beginnenden.
Auch du lebst mit gebrochenem Herzen.

Darum lass dich bewohnen
von der Verschwiegenheit des Winters.
Von der Stille, die nichts bedauert,
von Lebendigkeit, die sich niemals verschließt.

Nicht dem Wunder des Morgens,
nicht dem Wagnis des Aufbruchs,
nicht dem endlosen Strom des Verzeihens.
Nicht der Nähe um den Preis der Verletzbarkeit.
Nicht der Freude,
die wie der erste Vogel des Frühlings
ein zartes Nest in deiner Mitte baut.

Träume

Es war ein Traum, in dem der biblische Jakob die Himmelsleiter sah. Es war ein Traum, in dem ein Engel die Sterndeuter vor Herodes warnte. Und es war ein Traum, in dem Josef den Namen seines Sohnes erfuhr.

Dass Gott durch Träume zum Menschen spricht, ist ein Gedanke, den wir nicht nur in den Heiligen Schriften des Judentums und Christentums finden. Auch die Babylonier, Assyrer und Ägypter, Griechen und Römer erzählten von Träumen als Zwiesprache zwischen Gottheiten und Menschen. Im ältesten schriftlich überlieferten Mythos, dem Gilgamesch-Epos, heißt es von Enkidu, er sei wie ein Fangnetz, in dem sich Traumbilder aus der Götterwelt sammeln. Im alten Ägypten wie im antiken Griechenland gab es die Praxis des Tempelschlafs oder der Trauminkubation. Hier waren es vor allem Kranke und Ratsuchende, die sich vom Schlaf an einem heiligen Ort Offenbarungen und Weisung aus der göttlichen Sphäre erhofften. Aber auch dunkle und irreführende Träume konnten den Menschen befallen. Für die Kunst der Traumauslegung konsultierte man daher Menschen, die zur Traumdeutung befähigt waren und den Hilfesuchenden auf seiner inneren Reise begleiteten.

Mythen und Träume sind zutiefst verwandt. In beiden entfaltet sich eine Geschichte durch die Sprache der Symbole, eine Sprache, mit der wir uns wieder vertraut machen können.

Unser Verhältnis zu Träumen mag heute nüchterner sein – ihre Faszination ist jedoch ungebrochen. In ihrer Welt tauchen wir in nahezu grenzenlose Freiheit ein. Gesetze der Zeit, des Raums und der Logik haben dort keine Macht. Wir träumen wie Kinder, wie Synästhetikerinnen oder Dichtende, ganz hingegeben an eine wilde Wunderwelt innerer Bilder. Auch der Tagtraum als Ort der Sinnfindung und Lebensdeutung ist uns vertraut. Doch zwischen Nacht- und Tagtraum finden sich noch viele Facetten des Traumbewusstseins.

Manchmal erinnern uns die Durchlässigkeit und die besonderen Feste der Winterzeit an den nicht endenden Strom des Träumens: das innere Reisen, das leise Weben, das Herbeisehen und Hervorlauschen und das Weitererzählen. Das Gestalten der Welt vor unserem inneren Auge. Und manchmal fragen wir uns mitten im Winter, wie Gott uns träumt.

Jahresende

Leg dieses Jahr an seinem Ende
in die Stille der winterlichen Erde.
Bette dort alle Tage und Nächte, die dich erfüllten,
die dich mit Freude und Begegnung nährten
und dir Türen zu neuen Räumen öffneten –
all die Augenblicke tief empfundener Lebendigkeit.
Bette dort auch die Tage, die sich verschlossen,
die dir Lasten auf die Schultern legten
und dich mit deinen Fragen alleinließen –
die Zeiten ruheloser Gedanken und schwindender Kraft.
Lass das Durchlebte los. Es ist nicht länger hier.
Gib es in den Schoß der dunklen Erde,
die schon das neue Leben in sich webt und träumt
und die dich ruft, zu weben und zu träumen
und Muttererde für das Kommende zu sein.

Ich weiß, dass ich träume

Etwas spricht nachts zu mir.
Etwas legt seine Finger wie Zweige
an die verwitterten Fenster.
Wie eine Stimme,
die mich von innen durchklingt,
wie ein Wort, das sich ein Königreich
auf den Felsen meines Schweigens baut.
Es zerreibt mich, als wäre ich Sand,
doch ich werde nicht weniger.
Etwas steht aus mir auf
mit dem Gewicht meines Namens
und tausend Leben darin.
Ich weiß, dass ich träume,
und mein Körper, schlafend gekrümmt
wie der selige Wurm im Apfel,
hört das rieselnde Eis auf dem See
und das Ächzen des Winters.

Etwas spricht nachts zu mir.
Etwas küsst die alternde Haut der Verzweiflung,
die die Welt noch zusammenhält.
Wie ein Verlangen,
das unbemerkt den Tag durchglüht,
während Menschen einander verlieren
und ein Hund das Glück des Augenblicks findet.
Es zieht meinen Körper an
wie einen löchrigen Mantel,

es streckt die ganze Widersinnigkeit
der Liebe in meinen Gliedern aus.
Ich weiß, dass ich träume,
auch jetzt noch, über dem Duft
von Kaffee und Einsamkeit,
und ein Auge in meiner Mitte,
geteilt durch zwei Kammern,
schließt sich nicht mehr.

Eine Brücke aus Schnee

Der Winter baut dir eine Brücke aus Schnee,
eine Brücke aus Fragen,
die kaum den Moment überdauern
und doch im Werden das Bleibende suchen,
ein Morgen, in dem du leben und atmen kannst.

Der Winter singt dir ein Lied aus Stille,
eine Stille, die tiefer reicht als Schweigen
und die den Klang deines Herzens sucht,
an dem du gesundest
und mit dir ein winziges Stück dieser Welt.

Der Winter malt dir aus Eis wilde Blumen,
wilde Blumen, die der Dunkelheit gehören
wie deine Träume und dein tiefstes Verlangen,
die im Verborgenen keimen,
bevor sie das dankbare Licht der Welt erreichen.

Sonnenwende

Weiß wie Milch,
die Dächer der Stadt
in wogender Finsternis.
In der Enge der Gassen
schluchzt ein eisiger Wind.
Die längste Nacht des Jahres
lädt dich zur Feier.
Trink ohne Zögern den Becher
des Dunkels aus.
Der Winter träumt
bis in deine Herzhaut
von der Rückkehr des Lichts.
Bald schon fällt die Sonne
in deine Tage
und aus deinen Lippen.
Bald schmeckt auch die Nacht
nach Mut und Beginn.

An der Schwelle zum neuen Jahr

Lass dich bei deinem Namen rufen,
über die Gräben und Grenzen hinaus.
Lass dich heraufbeschwören
vom Vertrauen des Beginnenden,
vom neuen, unberührten Jahr,
das die Haut des Vergangenen abstreift.
Leg auch du das Vergangene ab.
Was du gefeiert und bedauert hast,
was du festgehalten und fortgewünscht hast,
liegt hinter dir.

Lass dich daran erinnern, wie es ist,
dem Tag mit offenem Herzen zu begegnen,
jeder Verletzung und jeder Furcht zum Trotz.
Immer neu fließt dir ein ganzer Kosmos entgegen
aus dem Mittagslicht über der Kastanie,
aus den blauen Augen des Eichelhähers
und aus dem Glück,
einen Zweifel überwunden zu haben.

Bedauere dich nicht
und auch nicht die Menschen,
die schmerzlichere Wege beschreiten als du.
In dir fließt wie in allem
der klare Strom des Mitgefühls,
und es genügt, sich ihm nicht in den Weg
zu stellen.

Gib dich zu erkennen.
In jeder Begegnung wage es ein wenig mehr,
du selbst zu sein.
Du selbst,
ein wurzelndes Geheimnis,
ein Lied aus dem fliehenden Klang der Zeit,
eine Liebe, die sich erinnert.

Halte dem Regen deine Hände hin.
An jeder Kreuzung danke deinen Möglichkeiten,
und bitte jeden Fels um Rat,
dem du zum zweiten Mal begegnest.
Nimm dir die Freiheit,
frei von dir zu sein,
wann immer du die Weite einer Frage spürst,
die größer ist als du.

Lass dich beschenken.
Und schenke diesem neuen Jahr
dein schöpferisches Träumen,
das am dunklen Grund des Winters,
im wogenden Gold des Sommers
und im Herzschlag aller Zwischenräume
zu Hause ist.

Herzwiege

Unter abenddunklen Himmeln,
in die geduldige Schale der Stille
bette dein Schmerzen und Sträuben,
dein Wollen und Seufzen
und jedes Lassenmüssen.

Schon liegt ein keimender Traum
in deiner Herzwiege,
schon sucht ein neues, zärtliches Wort
zwischen zwei Atemzügen
die winzige Öffnung zur lauschenden Welt.

Ich entstehe jeden Tag

Ich entstehe jeden Tag.
Zwischen Wollen und Lassen,
zwischen Furcht und Zauber.
Der Duft des Regens
und das Schnalzen der Elster
erschaffen mich neu.
Der Blick in den Spiegel,
vertraut wie der Klang
der schwankenden Zweige
und fremd wie jede Vergangenheit.
Die gestrige Frage nach meinem Ergehen,
meinte sie die grundlose Freude,
die aus mir lachte,
oder die von der Arbeit müde gewordenen Hände?
Meinte sie den gereiften Ernst,
der sich beim Anblick
des spielenden Hundes vergisst?

Ich bin nicht mein Verzicht,
nicht mein Reichtum,
ich bin nicht das grauhaarig gewordene Kind,
das die Kaulquappen im Weiher zählte.
Etwas Stilles, das sich ereignet,
trägt meine alternde Haut,
nur für eine Weile.
Es nimmt mein Erlebtes ernst,
bespricht es, damit es blühen kann,
und tröstet es, wenn ich schlafe.

Ich weiß nicht, was es ist.
Vielleicht ein Traum,
der einen Körper suchte,
vielleicht ein wanderndes Geflecht
aus dem Dunkel der Erde,
vielleicht ein All,
das sich in leuchtende Augen
und den Herzschlag des Wortes schenkt,
und in eine staunende Hand voller Schnee.
Alles Erschaffene ist mehr Anfang
als Ende, mehr Augenblick als Beständigkeit,
ganz reine, frohe Bewegtheit.
Und ich liebe diese heilige Flüchtigkeit,
die mich malt wie ein Sandmandala.
Schon morgen darf ich vergessen sein.

Träume dich in die Welt hinein

Es gibt Tagträume,
die uns entlang der tiefen Furchen unserer Wehmut
aus der Welt herauslocken,
weit fort von den Dingen, die uns bedrängen und verwunden,
weit fort auch von uns selbst und dem,
was wir noch werden könnten,
und der Last all der unbeantwortbaren Fragen
auf unserem Herzen.
Immer lauter ruft aus diesen Träumen eine Verheißung,
die sich nie zu erkennen gibt
und deren einzige Unwiderstehlichkeit es ist,
der Wirklichkeit, wie wir sie kennen, zu widersprechen.
Wenn wir ihr folgen, sind wir Fliehende,
Vermeidende mit fest verschlossenen Augen,
und wir gehen der Welt verloren.

Du aber träume nicht auf diese Art,
die dich und die Zukunft bestiehlt.
Träume dich nicht hinaus aus der Welt,
die übersät ist mit Wunden
und die noch viele Seherinnen brauchen wird,
viele Prophetinnen und Alchemisten, Theurgen und Weberinnen,
viele Mutentbrannte, deren Sinne sich verrücken lassen
auf unserer Reise zu gereifter Menschlichkeit.

Träume dich in die Welt hinein,
die deinen unbezähmten Geist braucht wie deine Hände
und die deine offenen Augen ersehnt.

Träume dich immer tiefer in ihre Blutgefäße,
in das Raunen der Felsen, das Rauschen der Meere,
in das Tasten der Moose und Flechten
auf nachtschwarzer Erde.
Hinein in die Nadeln der Weißtannen und das Knistern
des Schnees, hinein in das Morgenlied des Zeisigs
und in die Wölbung des Regenbogens,
bis auch dir die Lieder und die Farben aus den Sinnen fallen
und aus den Worten, die du deinen Liebsten sagst.

Träume dich hinein in die Schmerzen der anderen,
mit einem Gebet der Linderung auf den Lippen,
träume über Gräben blühende Brücken
und auf die Befürchtungen unserer Kinder
den Stern der Verheißung,
den niemand trägt als du und ich
und jeder Mensch, der ihn in seine Hände nimmt
mit hungriger Zuversicht und unbesiegter Zärtlichkeit.

Der Bote

Halb wache ich,
halb träume ich,
ich werde verwundet.
Über unberührte Schwellen
fällt ein Tropfen Blut.
In meiner Hand der Brief,
verschlossen mit rotem Siegel,
ein kostbares Geheimnis,
auf das jemand wartet.
Ich bücke mich tief
nach dem leuchtenden Karmesin
einer seltenen Blüte im Schnee,
doch ehe meine Hand sie berührt,
nimmt sie der Wind mit sich fort.
Es singt aus allen Dingen
ein angstloses, fröhliches Lied.
Verwundet bist du,
verschenken musst du,
verlieren wirst du.
Auch mein Schlaf singt
und singt mich wach.
Am offenen Fenster der Stieglitz,
mit nachtschwarzen Augen in rotem Gefieder.
Er schnellt in die Höhe
des dunstigen Winterhimmels
und schaut nicht zurück
auf die Woge aus Dank.

Bevor der Morgen kommt

Du blauer Mund der Dunkelheit,
erzähl mir, was die Sterne träumen
hoch über den beschneiten Dächern
und was der wogende Schwarm der Krähen,
der gekommen ist, um sich am Atem
der Stadt zu wärmen.

Was träumen die Stürme,
die in den Türritzen
mit klagender Stimme singen,
und was die Wasser
in ihrer schwarzen Stille
unter rissigem Eis?

Was träumt die Flamme,
die wir zum Gebet
an die blauen Fenster trugen,
und was die knisternde Erde,
unter der die haarfeinen Fäden der Pilze
die Wurzeln der Bäume umarmen?

Was träumt die Schönheit,
die schuldlose Vollkommenheit
dieser verzweigten, verwobenen Welt,
bevor ein erster menschlicher Gedanke
ihre Anmut beschwert?

Der Schleier zwischen den Welten

In der dunklen Jahreszeit rückt das Nichtsichtbare merklich in den Vordergrund. Die Nächte sind lang, das gefallene Laub und die abgestorbenen Pflanzen entfalten einen Duft von Verfall, und der November grüßt uns mit seinen Nebeln und einem unvergleichlichen geisterhaften Licht. Nun nahen auch die Stürme. Ihr Wehklagen fährt uns besonders in der Nacht unter die Haut.

Die Feste unseres Totengedenkens fallen in diese dunkle Zeit: Allerseelen, Allerheiligen, Ewigkeitssonntag. Es ist, als spürten wir, dass am Ende des Jahres Lebende und Tote kaum mehr voneinander getrennt sind, dass Zeit und Ewigkeit ineinander fallen wie Welten, die immer schon zusammengehören.

Auch das Fest der Wintersonnenwende besiegelt die Zusage und Gegenwart des kaum Sichtbaren: mitten in der tiefsten Winterdunkelheit werden die Tage wieder länger und das Licht kehrt zurück. Von der Geburt des Lichts im Menschen erzählt uns die Weihnacht.

In der Feier der zwölf Raunächte finden wir einen lang vermissten inneren Sehnsuchtsort – einen Raum, in dem in Vergessenheit geratene Lebensfäden wieder aufgenommen werden: die Fähigkeit, Träume zu weben. Die Gabe der Intuition und die Kunst der Weissagung. Eine lebendige Beziehung zu unseren Ahninnen und Ahnen, und zu den Geistern der Tiere, Pflanzen und Pilze. Die Magie des Geschichtenerzählens.

In der Dünnhäutigkeit der Winterzeit scheinen auch wir empfindsamer und empfänglicher für die Beredtheit alles Lebendigen zu sein. Während wir lauschen, schauen und ahnen, werden die Grenzen zwischen den Dingen durchlässig oder erweisen sich als gedachte Grenzen.

Wenn der Schleier fällt, fallen auch wir tief hinein in die verwandelnde Erfahrung, dass alles miteinander verbunden und voneinander durchdrungen ist: Zeit und Ewigkeit, Traum und Wirklichkeit, du und ich.

Die Welten unter dir

Auch an kalten, geisterhaften Tagen
und in froststarren Nächten setzt das Leben nicht aus.
Es lockt nur dein innigeres Horchen,
dein Schauen mit Haut und Haar.
Unter dir sind Welten ausgebreitet,
die du nur mit den Sohlen ahnen kannst.
Die Wurzeln der Bäume,
die sich unter der dünnen Haut der Erde
zu einem atmenden Netz verflechten,
die wartenden Samen, die Knollen und Sprossen
mit ihrer unerschöpflichen Geduld
und dazwischen die langsam wandernden Wasser
und der Maulwurf, der ungestört von seinen Vorräten zehrt.

Das Leben geht weiter,
zu deinen Füßen,
im mütterlichen Dunkel,
dort, wo der Staub der Jahre sich aufgeschichtet hat
mit allen drängenden Rufen,
dort, wo die Wege der Ahnen sich kreuzen
und ein unbekanntes Geschick erfüllen,
wo deine eigenen seufzenden Wurzeln liegen
und die Träume der Winterversehrten,
die ihre Herzen nach der morgigen Welt befragen.
Aufgerichtet bist du von der wissenden Erde,
vom verborgenen Weben der Weisheit.

Getragen und genährt von einer wachsamen Gutheit,
die dich hegt und umsorgt
und deinem Herzschlag
durch das Echo deiner Schritte lauscht.

Allerseelen

Ich bin viele.
Ich bin die Frau am Brunnen,
die unter der Last des Kruges
nicht einen Tropfen Wasser verschüttet.
Ich bin der Mann mit den hölzernen Händen,
der nach der Arbeit zum Tabak greift.
Ich bin das Kind, das am Fenster der Stube
die singenden Eisblumen zählt.
Das Lachen bin ich an flackernden Feuern
und der wärmende Blick, der den Hunger tröstet.
Die Furcht bin ich, die jemand mit Liedern zersingt,
um den Liebsten keine Last zu sein.
Und auch die Schuld bin ich, die in die Furchen
eines alternden Schweigens sickert.

Ich bin viele.
Ich bin die, die mir vorausgingen,
und die, die ich wurde, ihren Schicksalen zum Trotz.
Manchmal schließt sich die Haut des Winters
um ihre Geschichten und meine
und um den Dank,
der sich darin eingenistet hat wie ein glückliches Tier.
Dann höre ich ihr leise wanderndes Raunen
an den Rändern meiner Gebete,
in den Echos meiner perlenden Fragen
und entlang der kostbaren Heilungsfäden,
die wir mit verzweigten Händen
spinnen und weitergeben.

Staunen

Suche eine Wolke am Himmel aus,
und gib ihr einen Namen.
Nenne den Eiskristall
Schmuck der Götter,
Thron des Mittagslichts
oder sechsarmigen Stern der Brachzeit.
Nimm ihn mit in deine Träume,
die ihn erkennen wie einen alten Freund,
oder in ein Gedicht, das er schreiben möchte
mit der Schwere deiner Hand.

Sei wach für die täglichen Wunder,
die zum Bersten mit Geschichten gefüllt sind
und mit fröhlicher Mitteilsamkeit
auf der Suche nach Gehör.
Kehre zurück zur Wetterseite alter Felsen,
zu den Moosen, die wissen, wie man Nebel trinkt,
zu vereisten Radnetzen, die das Leben der Spinne
längst überdauert haben,
und zur schwindenden Fährte des Hirsches,
der mit dem ganzen Körper lauschen kann.

Frag die Gelbflechte,
die Sonnenfarbe in die karge Winterlandschaft träufelt,
nach Dingen, die wir ändern müssen,
um dieser Schöpfung gut zu sein.

Begegne der Erde mit Liebe und Freundschaft,
aber vergiss nicht, dass sie deine Lehrerin ist,
deren Weisheit du nie ausschöpfst.

Du kannst mit leeren Händen kommen.
Bring nur ein staubkorngroßes Staunen mit.
Es ist in dir seit deinem ersten Atemzug,
es schafft eine heilige Brücke
zwischen dir und allem Lebendigen.
Du lernst, sie tausend Mal zu überqueren,
und findest tausend Mal die unberührte Welt.

Weihnacht

Umschlossen vom Schoß der Nacht
das fortwährende Wunder,
ein immer neuer Beginn,
der auch dich zur Beginnenden macht.
Verlerne deine Verlorenheit.
Vertraue dem Stern, der längst weiß,
was du noch erahnst,
und falle auch du mit dem Ewigen
in die schmerzende Haut der Zeit.
Falle ohne Zögern in die Engen und Risse,
in die Gräben und Klüfte der Erde
und deines grünenden Herzens.
Stimme ein in das Lied, das dich singt,
das dich an Wehmut und Glück verschenkt.
Heute ist nicht das Fest
eines fernen Gottes, der kommt,
nicht das eines endenden Dunkels.
Heute ist das Fest deines Begreifens,
deiner Augen, die beschließen, zu sehen,
das Fest deiner Ankunft auf dieser heiligen Erde.
Heute trägt dein Mund
den Geschmack der Endlichkeit
wie ein Gebet endloser Freude.

Raunächte

Nächte, duftend nach Tannenharz und Beifuß.
Hypnotischer Klang der Schellen und Trommeln,
ernst wie der Herzschlag der Zwischenzeit
an weit geöffneten Toren.
Tritt dreifach ins Leben ein,
wie die Göttin der Wegkreuzung,
deren Blick nichts entgeht.
Sieh zurück, sieh an, sieh voraus.
Und sieh hindurch.
Breite deine Ahnungen
wie die Eule ihre lautlosen Schwingen
in der Dämmerung und behüte sie
wie all deine kostbaren Sinne.
Auch deine Welt ist zur Hälfte Dunkelheit.
Grüße die Geister an den Fensterkreuzen.
Sie kommen, um dich daran zu erinnern,
dass jede Zärtlichkeit ein Leben hat
und auch der Schrecken und der brennende Wunsch,
die weit über ihre Zeit hinaus
viele Räume durchwandern.
Das Leben aller fällt in dich hinein
und hinaus aus der Sehnsucht deiner Hände,
Boten der Veränderung zu sein.
Leise ruft dich die Fremde bei deinem Nachtnamen.
Halte dem Kommenden wach und entschieden
das Dunkel deines aufhorchenden Herzens hin.

Wir Webenden

Es muss wohl einen Grund haben,
dass wir so oft die Augen schließen,
so oft auf das Sehen verzichten,
das uns sicher durch die Außenwelt navigiert,
uns so oft verletzbar machen
in einer Welt der wachsamen Blicke.

Wenn wir ruhen oder schlafen,
durstig nach neuen Strömen der Kraft,
wenn wir dem Heimweh unseres Herzens folgend
beten und uns in das Geheimnis versenken,
wenn wir nach einer verblassten Erinnerung suchen
oder nach einem Gedanken,
in den wir noch hineinwachsen müssen,
schließen wir die Augen.

Und auch, wenn wir, bewegt von Vertrautheit
oder ungeduldiger Sehnsucht
den geliebten Mund küssen,
wenn wir einen Freund umarmen,
wenn wir den sorgfältig komponierten Klängen
einer Musik lauschen, die uns aus Gründen,
die wir nicht verstehen, mit einem Schmerz versöhnt.

Wir schließen die Augen,
wenn wir etwas tief verkosten möchten
wie den feinen Geschmack von Safran
oder den Duft, der einem Gewitter vorausgeht,

wenn wir unsere Wange an das weiche Fell
der Katze schmiegen oder die Fingerspitzen
in den ersten Schnee tauchen,
wenn wir träumen, wie es wäre, aufzuwachen
in einer Welt, die frei von Schrecken ist.

Wir schließen die Augen
und lassen uns in die Dunkelheit fallen,
wie ein Vogel sich fallen lässt in die wogenden Lüfte,
in den Himmel, der Teil seines Körpers ist.
Unsere Sinne wachsen über sich hinaus
und werden frei von der Enge des Gegebenen,
von Raum und Zeit und der Schwere der Mutlosigkeiten,
frei, das Undenkbare zu denken,
es zu sehen, zu hören und zu schmecken
und dankbare Hände danach auszustrecken.

Wie viele Dinge warten wohl darauf,
dass wir sie aus dem Dunkel unter unseren Lidern
ins Leben stellen, dass wir die Wunden,
die wir schlugen, träumend trösten,
und einer Ahnung, die das Gute will,
gesunde Erde an die Wurzel legen.
Wie viele Dinge warten wohl darauf,
dass wir die Augen schließen,
um mit ihnen zu verschmelzen,
um selbst ganz Duft und Geigenklang zu sein
und auch die samtene Berührung.
Es ist derselbe Raum,
den wir mit einem Lidschlag teilen,
wir Webenden der Innenwelt und Außenwelt.

Augenblicklichkeit

So sind wir,
dass wir uns nach ungezählten Dingen sehnen,
die uns der Augenblick nicht geben kann.
Immer vorwärts flüchtend oder auch zurück.
Und doch sind wir nur Augenblicklichkeit.
Ein Lidschlag, ein Gedanke, ein warmer Kuss auf unserer Wange,
vielleicht ein alter Schmerz, der unsere Brust durchquert,
ein Räuspern, bevor wir unsere Stimme finden,
um Ja zu sagen oder Nein,
und eine Freude, die uns vor dem ersten Schritt
schon bei den Füßen packt.
Und währenddessen greift der Wind
wie im Vorübergehen nach unserem Haar,
und ein entfernter Duft von Schnee
spricht mit dem Kind, das wir mal waren.

Schon im nächsten Augenblick
sind wir nicht länger, die wir waren,
für eine Sekunde nur sind wir ein neues, einzigartiges Gewebe
aus wundersamen Flüchtigkeiten
wie Lachen und Mittagssonne und der Flügelschlag der Taube,
zwei Hände, die blindlings zueinanderfinden,
ein Geschmack von Felsentee,
ein leiser Tagtraum, der sich über unsere Pläne legt,
und ein Vergessen, das durch unsere Glieder wandert.
Es ist so herrlich, was wir sind.
Ein niemals endendes Verschenken,

ein Inneres, das sich nach außen kehrt und Welt wird
und das sich immer neu erschafft.
Ein namenloses Wunder,
durchblüht von Zeit.

Geteiltes Leben

Wehre dich nicht länger
gegen den Gedanken,
dass alles beredt ist und alles lauscht,
bestehe nicht darauf, dass du auf dich allein gestellt bist,
denn die Welt, in die du verwoben bist,
kennt kein Alleinsein.

Sprich die Frage,
die dich seit einer Weile bewohnt,
auf die starken Wurzeln einer Eiche
und in die Biegung eines Flusses,
flüstere sie auf die Schwingen einer Krähe,
die von den Dächern heiser nach dem Morgen ruft,
und eine Antwort wird sich auf den Weg machen,
bis du dich dankbar von ihr finden lässt.

Auch das Sehnen in dir,
das du gefühlt und in deinem Herzen gewogen hast,
will gehört und empfangen werden,
vom geduldigen Schiefer und vom Silberlicht des Mondes,
vom schlafenden Igel im Reisig,
dem flüchtigen Regenbogen über den Hügeln,
von der Schneewehe, die bis an deine Tür gereist ist,
denn sie alle haben ihre eigene Weisheit,
die sie großzügig mit dir teilen, wenn du nur lauschst
bis in die Spitzen deiner Haare,
bis in die Weichheit deiner Fingerbeeren.

Es ist noch nicht lange her,
da sprachst du mit allem,
und die Welt war ein lebendiges Wesen,
dessen wispernde Lieder du hörtest.
Du warst ein Kind.
Jetzt aber bist du erwachsen
und hast viele Gründe mehr,
auf den Rat der Eibe zu hören,
auf die Tröstungen der Abendsonne
und auf den wendigen Hasen,
der dir bis in deine Träume folgt.

Alles, was du weißt,
jede Frage, die eine Suche beginnt,
jede deiner Gaben ruht auf deinen Schultern,
auf den Rändern der Gräser
und im Licht, das die Sterne fröhlich verschwenden.
Alles Leben ist geteiltes Leben,
und der atmende Grund, auf dem du stehst,
wartet auf den unvergleichlichen Klang
deines glücklichen Begreifens.

Symbiosen

Ein fröhliches Netz wohnt unter mir,
dem Auge verborgen.
Es wandert und ist auf der Suche,
lauschend mit jeder Zelle,
es schmeckt und fühlt
mit fremdartigen Sinnen.
Immerzu schenkt und empfängt es
und dient mit all seiner Kraft.
Es ist weise, denn es fragt,
es ist geduldig, denn es wartet,
und immer ist es frei,
weil es nicht darauf besteht,
sich morgen noch zu gleichen.
Manchmal löst es ein Leben auf,
damit ein anderes erwachen kann.
Es nährt und behütet
und verleiht dem Geringen Größe.
Den Nervensträngen ähnelt es
und den Blutgefäßen,
ohne die mein Leben nicht wäre,
doch auch dem Wasser und der Liebe,
die immer einen Weg finden.
Es wurzelt an dankbaren Wurzeln
und verschenkt neue Blühkraft
an den Birnbaum und die Sonnenblume.
Es verbindet Lärche und Goldröhrling,
Fichte und Fälbling

und auf viele wundersame Weisen
Bäume, Pflanzen, Tiere und Menschen
und den ahnungsvollen Schmerz in mir,
der fragt, wie wir leben sollen
in dieser zerbrochenen Welt.
Manche nennen es Mykorrhiza.
Ich nenne es
Gottes schönste Erscheinung.

Heimgang

Es ist so friedlich,
als wäre Gott in jeden Grashalm heimgegangen
und in den Raureif, der sich um die Spitzen schließt,
in jeden Hang, von dem die weißen Nebel strömen,
und in den Schimmer des Kristalls aus blauem Eis.
Auch in mein Schauen, das das Silberschiff des Mondes
zwischen den Zweigen einer Trauerbuche findet,
und in mein Glück,
das mit der Drossel im Wacholder
ein Lied der Dankbarkeit bis zu den Sternen singt.

Verwandlung

Die Winterzeit kann uns verwandeln, denn sie löst uns aus unseren Gewohnheiten, sie stört unsere Selbstverständlichkeiten, und wenn wir uns auf sie einlassen, nimmt sie uns mit zu den Quellen tiefer Lebendigkeit und Verbundenheit. Sie beschenkt uns mit Stille und mit Räumen der Dunkelheit, in denen wir zur Besinnung und zu Kräften kommen können. Sie überredet uns dazu, zu warten. Vielleicht treten wir beladen und unruhig in die Winterzeit ein, aber sie löst uns von allem, das uns beschwert, und gibt uns etwas, das wir uns selbst oft nicht zugestehen: eine ersehnte Langsamkeit und eine Andacht, in der wir Erlebtes betrachten, fühlen und nachbereiten können.

Auf eine Art sind wir in der Winterzeit auf uns selbst zurückgeworfen, doch sind wir uns auch zurückgeschenkt. Wir können uns selbst neu begegnen, können uns Zeit nehmen, um herauszufinden, welche Fäden unseres Lebens wir fallen lassen und welche wir wieder aufnehmen möchten.

Wenn der Winter uns anhält, wenn wir für eine Weile brachliegen wie der Boden, der sich erholen und seine Kräfte wiederfinden muss, sinken manche Erfahrungen aus der Flüchtigkeit der Tage erstmals in unsere Tiefe. Gleichzeitig steigen aus unserer Tiefe Dinge auf, für die wir in der Zeit der Fülle kein Ohr hatten. In dieser heilsamen Selbstfindung entsteht Weite für neue Träume und Visionen, für frischen Mut und Versöhnung und für die unerwarteten Wunder, denen wir zuvor im Weg standen.

Die Winterzeit vermag uns zudem aus dem Griff der Traurigkeit über das Vergängliche zu lösen. Das Werden und Vergehen zeigen sich in der dunklen Jahreszeit anmutig und frei von Trauer, und dieses Bild hinterlässt in uns einen tiefen Eindruck.

Der Winter ist auch für uns eine Zeit der Neugeburt. Erneuert vermögen wir es, dem Unvollendeten, Flüchtigen und Zerbrochenen im Leben freundlicher zu begegnen und die Welt in neuem Licht zu betrachten. Mit Zuversicht im Herzen und der Gewissheit, dass das Leben nicht endet.

Wandlungswort

Du kannst dem Winter,
der ein Heiler ist,
die dunklen Garben
deiner Trauer geben
und die des Kummers
ohne Trost.
Die schwarze Ernte
deiner Traurigkeiten.
Er wird sie für dich bergen
in seinem Dunkel,
das alles Entblößte tröstet,
in seiner Kälte,
die deine Leidenschaften kühlt,
unter dem Wandlungswort
seines geduldigen Schweigens
und in den sternenklaren Weiten
seiner Zuversicht,
die du schon bald
in deiner Mitte wiederfindest.
So wie den ersten Duft des Frühlings
vor deiner Tür.

Am Ende des Jahres

Schenk diesem Tag noch einen Blick der Güte
und auch dem Jahr, das nun zu Ende geht.
Lass diese Zeit nicht ohne deinen Segen ziehen,
gib dem, was war, dein reif gewordenes Ja.
Den Erdengaben, die sich gern in deine Hände schenkten,
den Menschen, die ein Stück des Weges mit dir teilten,
und allen Träumen, die in deiner Mitte wuchsen,
um einmal Wirklichkeit in dieser Welt zu sein.
Leg auch vergangenen Kummer unter deine Blicke
mit einer ernsten, späten Dankbarkeit.
Das leise Sehnen, das nichts und niemand stillte,
die Furcht, die sich in leere Nächte schlich,
und auch die unvollkommenen und ungelösten Dinge
mit ihrer Traurigkeit aus Nichtmehr und Nochnicht.
Alles schmiege an dein Herz wie einen Brief,
den ein geliebter Mensch dir schrieb,
wie eine Kostbarkeit, die du vielleicht nicht ganz verstehen,
doch auf viele Weisen annehmen und bergen kannst.

Anvertraut

Mein Herz ruht
in der dunklen Höhlung
des Winters
wie jedes nackte,
tief versehrte Wort
im Lauschen eines anderen ruht.
Aufgehoben
wie das Kind im Arm der Mutter,
aufgehoben
wie etwas, das nicht länger ist.
Nur Frieden wandert
durch die leeren Räume.

Neumond

Der Mond nimmt zu.
Nun sammle auch du die Dinge,
die dein Licht vermehren.
Sammle gute Worte in deinem Mund,
die aus Staunen und aus Dank gewoben sind,
und sammle Blicke in deinen Augen,
an denen ein mutloser Mensch sich wärmen kann.

In deinen Händen sammle Berührung,
die sich gerne verschenkt
an die Sehnsucht der Menschen,
aber auch an die raue Rinde der Buche,
an das Fell der Katze und den
ersten Schnee, an ein leeres Blatt Papier
und den Tisch, an dem du isst.
Und sammle die stillen Gebete,
die nichts sind als Lauschen.

Die Farben des Winterhimmels,
die Flüge der Dohlen
und die funkelnden Eiszapfen an den Dächern,
sammle sie mit geschlossenen Augen,
mit einem inneren Schauen,
das alles Vorhandene würdigt.

Sammle in deiner Mitte
die kostbaren, stillen Wünsche,
die mit ruheloser Zärtlichkeit

durch deine Nächte wandern
und deren Wurzeln tief in dein Herz reichen
wie ein Geflecht der Fürsorge,
die jeder Kreatur gilt
und die jede Wunde schließen will.

Entsende diese Wünsche,
in denen die Träume Gottes nachklingen,
in die Weite über den Baumkronen,
damit sie wachsen können wie geduldige Gestirne
an einem Himmel,
den auch deine Hände tragen.

Auf dem Weg

Unter deinen Füßen
liegt das Wunder der Wintererde.
Kalt ist sie unter deinen Schritten,
und sie mahnt dich freundlich, nicht anzuhalten.
Geh weiter, sagt sie.

Geh von den Dingen fort und hin zum anderen,
geh zu weit und geh verloren
und immer geh vorüber wie die Zeit.
Bleib nicht zu lang am selben Ort,
bleib nicht zu lang die, die du kennst,
und bleib nicht in der warmen Haut vertrauter Dinge.
Steh nicht auf einem Grund, der dir das Wagnis stiehlt,
und wünsch dir nicht bloß die geraden Wege.
Lass nicht die Kälte unbezähmten Zweifels
in deine Glieder kriechen, lass dich nicht lähmen,
sonst wirst du alt vor deiner Zeit.
Geh weiter, sagt sie.

Bleib beweglich, bleib stets bereit,
immer wieder von dir fortzugehen.
Lass einen fremden Zauber dir begegnen
und dich beim Namen nennen.
Das Wartende wird dich erwärmen
und auch das Werden, das sich selbst nicht ahnt.

Es kommen manche Weggefährten,
wenn dir das Reisen zu beschwerlich wird,

und was ihr teilt, wird sich vermehren,
auch an den Orten, die du nicht bereist.
Und immer wieder wirst du denken,
wie gut es ist, dass du auch diese Grenze
und dieses Glück und auch den einen Kummer,
der nicht von deiner Seite weichen wollte,
hinter dir lassen konntest
für etwas, das sich schenken wollte.

Die ganze Welt will in dir wandern.
Sie braucht das Wagnis deiner Schritte.
Geh weiter, sagt sie.
Du musst nur weitergehen.

Verlorengehen

Ich möchte den Stimmen verloren gehen,
die mir sagen, wer ich bin.
Den Blicken, die mich vermessen,
den Händen, die mich aufhalten,
wenn ich aufbrechen will.
Ich möchte mich den Worten entziehen,
die nicht fragen und suchen,
die nur danach trachten, zu beherrschen
und zu besitzen, was unverfügbar ist.
Ich möchte der Sattheit abhandenkommen,
die sagt: Es ist genug,
und dem rasenden Hunger, der sagt:
Es wird nicht reichen.
Ich will mich aus der Bitterkeit entlassen,
die glaubt, es gibt keinen Weg,
keine helfende Hand,
und auch aus dem Zorn,
der stets den Schuldigen sucht.

Ich muss mir selbst
wohl dann und wann verloren gehen.
Muss aus der Tiefe meinen Namen bergen
wie eine Erinnerung,
die die Zeit überwuchert hat.
Wie der Winter will ich sein,
ganz leer und still.
Ein nacktes All, gewoben aus Vertrauen.

Wiederholung

Wenn der Winter beginnt,
lege ich ein kostbares Wort
in die dunkle Erde
meines Herzens.

Ich habe es sorgfältig ausgesucht,
denn es wird mich von etwas lösen
und es wird mich an etwas binden
und es wird suchen
nach der, die ich noch werden muss.

Ich flüstere es oft, bis es mich flüstert.
Ich wiederhole es viele tausend Male,
bis an den Saum des Frühlings
wie ein geduldiger Himmel,
aus dem es mühelos schneit.

Und was ich wiederhole, holt mich wieder
zurück zu mir, zurück aus der Vergessenheit.
Bis etwas in mir wurzelt wie ein zweites Leben.
Wir haben einander gerufen.

Zeit der Verwandlung

Suche mich nicht.
Ich bin mit dem Winter,
dem lautlosen Winter
in die Räume des Schweigens gegangen.
Abschied zu nehmen von allem Gesagten,
das stärkte und heilte, das entmutigte und verwundete.
Abschied zu nehmen vom schmerzlichen Raunen
der unausgesprochenen Dinge.
Mit Vergebung im Herzen,
für alle Worte, denen es an Stille fehlte,
und für die alten Sprachlosigkeiten, die wir einander zumuten.

Suche mich nicht.
Ich bin mit dem Winter,
dem einsamen Winter
auf den Grund des Alleinseins gesunken.
Um dort die goldenen Fäden zu finden,
die mich mit Menschen verbinden.
Freundschaft, Liebe und geteilte Sehnsucht
nach den täglichen Kostbarkeiten.
Und auch das Kämpfen, das Aneinanderleiden
und die vielen verflochtenen Traurigkeiten.
Ich habe dankbare Blicke und wärmenden Segen
auf diese Fäden gelegt.
Mit dem Wissen im Herzen,
dass ich mir selbst genügen
und zu Begegnung reifen kann.

Suche mich nicht.
Ich bin mit dem Winter,
dem grauen Winter
in die Arme des Dunkels gefallen.
Um jedes sieghafte Licht und jede Gewissheit
gegen die Zartheit einer Frage einzutauschen
und jede Sattheit gegen die Erwartung.
Vom ersten Seufzer des Lassens
bis an die Schwellen des jubelnden Frühlings
bin ich mit dem Winter,
dem wandernden Winter,
durch die Zeit der Verwandlung gegangen.
Und ich kehre nicht mehr zurück.

Loslösung

Oft denkst du an die Welt
wie an ein Haus, das du dir eingerichtet hast
und das du mit geschlossenen Augen durchqueren kannst,
ohne dir den Fuß zu stoßen.
Alles ist dir vertraut,
und der Morgen tritt an dein Bett wie ein gezähmtes Tier.

Aber die Welt ist ein Abgrund,
in den du fallen musst,
wie das Laub fällt und der Schnee,
wie das Dunkel im November und das erste warme Licht im März.
Und nur das Losgelöste fällt und fällt
und wird im Fallen Lebensgrund des anderen.

Halte nicht fest.
Nicht am Gewussten, nicht am Erhofften
und nicht am Trugbild der Erwartung.
Sei wie der Regen, wie die Frucht, sei wie die Spore,
die mit dir fallen wollen, tiefer noch und tiefer.
Tausendfach wirst du verwandelt sein,
solange du nur fällst.

Mimesis

Ich möchte wie der Winter sein.
Den Dingen ihr Geheimnis lassen.
Das Leben ehren, das verborgen bleibt.
Das Schweigen halten wie ein inniges Versprechen.
Der Dunkelheit mehr als mir selbst vertrauen.
Und warten
in der uferlosen Ruhe der Zuversicht.

Ich möchte ganz in mir zu Hause sein
und doch von tausenden Symbiosen dankbar zehren.
Auch von der Schönheit,
die sich an das Kleinste verschenkt
wie an den Schneekristall, der aus den Wolken fällt,
um die Vollkommenheit des Himmels
in die Welt zu tragen.

Aufbruch

Nie ist die Kraft des Aufbruchs so spürbar wie an der Grenze zwischen Winter und Frühling. Wenn sich das Sonnenlicht nach langer Zeit wieder fröhlich verschwendet und die ersten Knospen austreiben, wenn die Zugvögel zurückkehren und ein erdiger Duft in der Luft liegt, verabschiedet sich die winterliche Langsamkeit auch aus uns. Neue Lebensfreude erwacht und wir empfinden Tatendrang, Lust auf Begegnung und eine wachsende Zuversicht. Wir saugen das Licht und die ersten Farben so dankbar auf wie das um uns erwachende Leben.

Die ersten Knospen, Blätter und Blüten zehren nun von den Kräften, die Erde und Pflanzen in der Brachzeit so sorgfältig in sich gesammelt und behütet haben. Auch dem Beginnenden in uns steht nun mehr zur Verfügung als die länger werdenden Tage und die Gesänge der Vögel, denn wir haben die Winterzeit für uns fruchtbar gemacht – durch Ruhe, Innehalten und tiefes Lauschen auf die Weisheit der dunklen Jahreszeit.

Wir haben das Vergangene in die Stille unseres Herzens gelegt, wir haben angehalten und losgelassen und uns geduldig an die Grenzen gesetzt, hinter denen ein Geheimnis auf uns wartet. Wir haben unserer Endlichkeit und unserer Verwundbarkeit ins Auge geblickt und vielleicht dabei neu entdeckt, auf wie viele Weisen wir mit den Leben anderer verbunden sind.

Nun heißt es, die Erfahrung des Winters nicht zu vergessen, sondern sie in unserer Seele und unserem Alltag zu verankern. Das bedeutet: auf eine Art winterlich zu bleiben und den Wirklichkeiten, die sich im Dunkel und in der Tiefe offenbart haben, Raum zu geben.

Auch wir sind Natur, auch wir sind jahreszeitlich und aus uns drängt das Leben in seiner unermesslichen Vielfalt, im natürlichen Atemstrom des Werdens und der fortwährenden Verwandlung. Wir werden noch viele Male aufbrechen, viele Male Welten hinter uns lassen und viele Male andere werden – gerufen von einer Stimme, die uns so vertraut ist wie unsere eigene.

Das Lied des Aufbruchs

Die Stare kehren zurück.
Noch ein Grund, dem Leben jede Tür zu öffnen
und aus dem nächsten Lidschlag
reine Freude aufzulesen.
Nun lass auch du die Schwärme wiederkehren,
die deinen Morgen mit dem Klang des Frühlings füllen:
den ausgeruhten Wagemut,
der eine alte Grenze überwindet,
die Zartheit eines nie gesagten Wortes,
das sich an eine Traurigkeit verschenken will,
die Lust, das Unbekannte zu entdecken,
zwischen den Menschen und am stillen Grund in dir.
Fülle deine Seele mit dem Lied des Aufbruchs
und lerne, mit den Vögeln von der Lust zu singen,
für einen Augenblick in dieser Welt zu sein.

In meiner Mitte

Ich nehme die Vergangenheit in mein Herz,
die zu mir gehört und die ich nicht ändern kann.
Ich nehme die Gegenwart in mein Herz,
die ich mit schöpferischen Händen forme.
Ich nehme die Ungewissheit in mein Herz,
das Neue, das mich erstaunt,
das Fremde, das mich irritiert,
das Morgen, das ich nicht kenne,
die Dinge, die ich nicht ändern kann
und die angenommen sein wollen.

Ich nehme die Welt in mein Herz
mit ihrer Schönheit und ihren Gaben,
mit ihren Fragen und Wunden,
mit den Menschen, die darin leben wie ich
und die ihre eigenen Kämpfe bestehen müssen,
vor denen ich nur Achtung haben kann.
Ich atme und werde
in Gottes Atem und Werden,
mit einem Licht in meiner Mitte,
das alle Geschöpfe teilen.

Neugeboren

Ich habe mich mit dem Herbst fallen lassen
auf die wartende Erde
und in die tiefen Mulden der Stille.
Ich habe den Winter gerufen,
der mit dem Mond
auf geduldigen Zweigen saß,
und die heilsame Kälte hereingelassen.
Die Kälte, die sich zwischen mich
und die Haut der Gewohnheit drängt
und zwischen alle müde gewordenen Gedanken,
die es versäumen, nach dem Grund zu fragen.

Ich habe innegehalten wie die Zeit,
die sich zwischen den Jahren zurückzieht,
um mit den Geistern der Raunächte zu feiern,
und jedes Dunkel, das ich in mir fand,
gab ich der Weberin der Nacht zurück.
Ich habe die Geschenke des vergehenden Jahres
wie Garben gesammelt
und jede glückliche Erinnerung
wie ein Gebet zum Himmel steigen lassen.
Nun grüßt der erste Duft der Hyazinthe
und mit ihm eine neugeborene Welt.

Getragen von Weite

Befreie dich von der Last des Bedauerns,
vom Gewicht, das deinen freien Atem hindert
und die Freude deiner Schritte lähmt.
Danke der Wehmut, die ausspricht: Es ist vorbei,
und der Reue, die einen Schmerz in der Welt
aufliest und zu dir sagt: Du selbst hast ihn geboren.
Danke dem Weg, der sich vor dir verschließt,
dem Geheimnis, das sich nicht preisgibt,
danke dem Stechen des unausgesprochenen Wortes
und dem rauschenden Saum der Zeit,
der dich daran erinnert, dass dein Wollen flüchtig ist.

Danke dem Versäumnis, das dein Herz
zur Wachsamkeit reifen lässt, dem Zerwürfnis,
das dir die Macht deiner Worte entschleiert,
und danke der dunklen Woge des Mitleids,
die dich dem Alleinsein entreißt, um dich
der Verbundenheit zu schenken.
Immer wieder sage Dank – und dann sage dich los
vom Bedauern, denn Bedauern ist ein hungriger Schmerz,
der beschlossen hat, von deinem Morgen zu zehren.
Er quält dich mit der Angst, das Leben könne verlorengehen.
Du aber weißt, dass jedes Schweigen, Hoffen und Entbehren,
jede kostbare Erfahrung von Glück und Versäumnis
wie junge Sterne ihre Bahnen ziehen,
getragen von der Weite, die du bist.

Vertage nichts

Das Leben beginnt nicht erst,
wenn du zur vollen Blüte gekommen bist,
wenn du sonnige Tage und Glück gesammelt hast
und schöne Dinge, die nur dir gehören,
unter einem Dach, das dich schützt.
Es beginnt nicht erst,
wenn du gesund bist,
wenn du im Reinen mit dir bist
und deine Träume Wirklichkeit geworden sind,
wenn eine Antwort warm auf jeder Frage liegt
und eine freundliche Berührung auf deiner Wange.
Es beginnt nicht erst,
wenn du diese eine Wunde noch verschlossen,
deine Traurigkeit geheilt, den Zorn befriedet
und das Meer der Angst gegen bleibende Herzensruhe
eingetauscht hast, und auch nicht, wenn jemand kommt,
auf den du immer gewartet hast,
und der dir die gute Nachricht überbringt,
dass jedem Tag ein tiefer Sinn zugrunde liegt.

Das Leben ist längst da.
Es hat dich nie gefragt, ob du so weit bist.
Es hat anders als du nie an dir gezweifelt.
Aus jeder Vorläufigkeit hat es dich gegrüßt,
aus jeder Frage und auch aus der dunklen Mitte
der Traurigkeiten, und aus den Tagen,

die sich anfühlen wie verloren.
Das Leben hat dich aus jedem Kampf
und jeder Unfertigkeit angelächelt,
aus dem Zweifel und dem Nichmehrweiterwissen
und auch aus den gewöhnlichen Dingen,
die du viele Male übersehen hast.
Es hat dir Zeichen wie Blüten auf deine Wege gestreut,
damit du nicht vergisst, wie kostbar
jede Empfindung und jede Begegnung ist,
jedes Wagnis und jeder Aufbruch in dieser Welt,
die eine Werdende ist – wie du.
Vertage nichts.
Warte nicht auf einen fernen Tag,
nicht auf die Erlaubnis, lebendig zu sein.
Du selbst bist wanderndes, verletzbares,
widersprüchliches Leben.
Und jeder Atemzug erzählt davon.

Ich lerne noch

Ich lerne zu wandern
wie der Wind, der suchend durch die Straßen geht
und das letzte knisternde Laub mit sich trägt,
wie die perlenden Gewässer, die sich als Lebensadern
in die Weite der Landschaft verzweigen,
wie der Zugvogel, der immer wieder eine beschwerliche Reise
auf sich nimmt, um dort zu sein, wo Leben möglich ist.
Ich lerne, nicht stehen zu bleiben
am sicheren Ort ohne Wagnis, am vertrauten Gedanken,
in der Wärme der Anerkennung
und in den Grenzen des Erwartbaren.

Immer wieder lasse ich sie hinter mir,
die trügerische Fata Morgana des Angekommenseins.
Denn Leben heißt, sich bewegen zu lassen
vom Klang des Fremdartigen,
vom Schmerz, der nach Linderung verlangt,
von der Lust des Lebens, sich zu vertiefen.
Und Leben heißt, an vielen Orten leises Glück zu finden
wie im Vorübergehen.

Ich lerne, mutig zu sein,
wie der erste Regentropfen, der auf die harte Erde fällt,
wie der Keim, der geduldig seine Kräfte sammelt,
um die dunkle Schwere der Erde zu durchbrechen,
wie die Taube, die im Revier der Katze nistet.

Ich lerne, dem Leben zu vertrauen,
das mich ruft, das mich webt, bis hinein in meine Träume,
und das mich will, mit Haut und Haar
und meinen schöpferischen Händen.

Immer wieder durchschreite ich ihn,
den engen Felsspalt der Furcht, hinter dem die Weite atmet.
Denn Leben heißt, sich fallen zu lassen
in die wohlwollenden Ströme des Werdens,
in die unversehrte Seligkeit des Augenblicks
und in die Abgründe, die kein anderes Licht haben als unseres.
Leben heißt, sich immer wieder selbst zu vergessen,
um sich reich beschenkt in der Stille aller Dinge wiederzufinden.

Ich muss mich ergeben

Immer wieder begreifen,
dass das Leben nicht endet.
Dass Bäume im Himmel wurzeln
und die Erde über ihren Köpfen tragen.
Dass ein Tropfen ein All ist,
nicht nur für die Grünalge und den Wasserfloh,
auch für das staunende Kind
und den Vers einer Dichterin.

Mich erinnern,
dass die Walnuss Kammern hat
wie das menschliche Herz
und darin ein Geheimnis.
Dass manche Spore mit zweihunderttausendfacher
Erdbeschleunigung an ihr erwähltes Ziel gelangt,
während ich schlafe und träume zu laufen,
ohne mich fortzubewegen.

Mir vergegenwärtigen,
dass der Kuss der Mutter auf der Stirn
des Kindes die Zeit überdauert
und ein Wort mehr wärmt als ein knisterndes Feuer.
Dass ich durch jedes Tor,
auch durch das Auge der Blaumeise
und durch den Abgrund der Enttäuschung
in neue Welten eintreten kann.

Schon legt der Frühling einen bunten Kranz
aus Blüten auf das Grab des Winters.
Schon fängt die Spinne die Sonne
in ihrem ersten Netz.
Auf der alten Fichte verjagt ein Eichhörnchen
seinen Schatten und all meine Müdigkeit.
Ich bin umzingelt von Leben.
Ich muss mich ergeben.

Die Reise

Wenn du reisen willst,
wenn du die Welt erkunden
und die Tiefe der Dinge erfassen möchtest,
dann vergiss nicht,
in deiner Unsicherheit Halt zu machen,
dort, wo Worte nur zögerlich über deine Lippen kommen
und du nichts hast, um dich über andere zu erheben,
wo dein Puls rast und du deine Augen niederschlägst,
weil du fürchtest, dass deine Unerfahrenheit
für alle sichtbar sein könnte.

Versäume auch nicht,
dein Unbehagen zu besuchen,
jenes nagende, konturlose Unwohlsein,
das dich in Versuchung führt zu fliehen,
das so oft etwas unschätzbar Wichtiges über dich preisgibt,
über den Ort, an dem du dich bewegst,
und die Zeit, in der du lebst,
mit all ihren Ungerechtigkeiten, den drängenden Fragen
und den vielen verstummten Rufen der Ohnmacht.

Nimm auch immer wieder den direkten Weg
durch deine Furcht, die dir viel zu erzählen hat
über die Sehnsucht danach, geliebt zu sein,
und den Wunsch, keinen Schmerz leiden zu müssen,
über die salzberänderten Wunden der Welt,
die auch du zu schließen gerufen bist,

und die nur schwer zu verinnerlichende Wahrheit,
dass du sterblich bist.

Mach es dir zur Gewohnheit,
das Unliebsame zu bereisen, das Fremde und Ungewisse,
das Widersprüchliche und Unfertige,
wie man mit frohem Herzen ans rauschende Meer reist,
in smaragdgrüne Wälder und in die offenen Arme
geliebter Freunde.
Denn du lebst nur in dem Maß,
in dem du wagst, die sicheren Orte zu verlassen.
Die sich weitenden Ringe deines Lebens
strecken sich auch in die dunkelsten Tiefen
und die erhabensten Höhen aus,
die zu berühren bedeutet,
sich selbst zu überwinden.

Die unbekannte Welt

Frag nicht, was du geleistet hast.
Frag, wann reine Freude aus den Dingen fiel
wie süße Kerne aus der reifen Frucht.
Und wer die Menschen waren,
die sie mit dir teilten.
Wann unter deiner Hand die Zeit verflog,
weil du in etwas aufgingst,
das größer ist als du.
Und wann die Nächte
ihre goldenen Kammern öffneten,
um einen neuen Traum auf deine Stirn zu legen
wie eine Zukunft, die dich aus der Ferne ruft.

Frag nicht, was du verloren hast.
Frag, welche Sehnsucht dich heraufbeschwor,
in dieser Welt zu sein.
Und wer du warst nach jedem Lassen,
gereift an Traurigkeit.
Wann du dir näher kamst durch tiefes Schweigen
und durch den Mut, nicht wegzulaufen,
auch nicht vor dir.
Wann deine Fragen offen standen
wie Türen zu geheimen Welten.
Und wann du freier wurdest,
nicht nur von Engen, die dich hinderten,
du selbst zu werden,
auch frei zur Weite der Begegnung,
die Mitte allen Lebens ist.

Frag nicht, was du gewonnen hast.
Frag, was du schenken kannst,
auch morgen wieder,
in die offene Hand der Liebe,
auf eine unverheilte Wunde
und in das Schweigen ohne Trost.
Lass dich gewinnen, lass dich einnehmen
von der kummerlosen Schönheit des Morgens,
von jedem Tag, der dich in seine Mitte sehnt,
und von den Wundern, die in deine Blicke fallen,
wenn du erst siehst.
Wage es,
die unbekannte Welt zu lieben,
die vor dir liegt.

Bibliografische Information der Deutschen Nationalbibliothek

Die Deutsche Nationalbibliothek verzeichnet diese Publikation in der Deutschen Nationalbibliografie. Detaillierte bibliografische Daten sind im Internet über http://dnb.d-nb.de abrufbar.

Ohne Folie
Für unsere Umwelt

MIX
Papier | Fördert gute Waldnutzung
FSC® C014889

in Deutschland produziert

7. Auflage 2025

Lektorat: Marlene Fritsch
Gestaltung: Matthias E. Gahr
Umschlaggestaltung: Chandima Soysa
Umschlagmotiv: © kholywood/Shutterstock
Druck und Bindung: Pustet, Regensburg
ISBN 978-3-7365-0406-6

www.vier-tuerme-verlag.de